인간 욕망의 비밀

# 인간 욕망의 비밀

김정수 지음

한ㄴ

# 왜 욕망인가?

당신은 무엇을 욕망합니까? 이 질문이 가지는 진정한 의미를 깊이 이해하고 깨달을 수 있습니까? 만약 그렇다면 당신의 삶은 충분히 달라질 수 있습니다.

정신과 의사로 살아온 지난 30여 년 동안 많은 사람이 욕망 때문에 힘들어하고 고통을 받는 것을 지켜보았습니다. 진료실에서 만난 삶들은 이렇습니다. 욕망하는 것을 두려워하고, 자신의 욕망을 죄악이나 부끄러움으로 여기고, 욕망을 잘 알지 못해서 힘들어하고, 욕망을 느끼지만 대면하지 못하고, 욕망을 엉뚱한 곳으로 표출시키며 삶이 꼬이고, 자신의 욕망을 어떻게 사용해야 할지 모르고, 욕망과 충동을 구별하지 못합니다. 저는 이런 사람들을 주로 만나 왔으며, 가끔은 욕망에 갇히고 중독되어 포로가 된 사람들의 삶도 보았습니다.

진료실 밖의 세상, 일상의 세상, 미디어를 통해 바라본 세상에서는 욕망을 채우기 위해 수단 방법을 가리지 않는 사람들, 욕망을 향해 달려가면서 자신과 주위를 파괴하는 사람들, 욕망 없이 충동만 작동하는 사람들, 타인의 욕망에 대한 이해가 너무 없는 사람들, 자신의 욕망에 대한 무지와 위선이 드러나는 이야기를 만날 수 있습니다.

고백하자면 투자라는 행위 아래에 있는 욕망의 에너지를 알지 못해서 힘들게 보냈던 시간도 있었습니다. 욕망에 대한 직간접적인 많은 경험은 언젠가부터 욕망에 대해 깊게 들여다보게 하였고, 욕망에 대해 이야기하려는 욕망을 불러일으켰습니다.

많은 사람이 욕망의 좌절과 그로 인한 불만, 열패감, 욕망에 대한 무지와 혼돈, 욕망으로 인한 죄책감, 욕망의 만족 후 갑자기 나타나는 허탈감과 허무함, 욕망이 사라지면서 나타나는 우울과 무기력으로 힘들어합니다. 우울증, 불안장애, 강박증, 공황장애, 불면증, 분노조절장애, 조울증 등 현대인이 겪고 있는 정신적인 문제들도 깊은 속을 들여다보면 풀리지 않은 욕망의 문제와 관계가 있습니다. 그래서 욕망의 비밀을 풀어보려고 합니다.


　차분한 인상인 30대 초반의 미혼 여성 S는 수개월 전부터 시작된 불안과 우울감이 점점 심해진다며 찾아왔습니다. 자존감도 상당히 낮아졌고 때로는 극단적인 생각도 든다고 하였습니다. 우울증을 겪고 있음이 명백하였습니다.

　S에게는 그럴 만한 몇 가지 배경과 이유가 있었습니다. 첫 번째는 정말 오랜만에 좋아하는 이성과의 연애를 시작하고, 관계가 점점 깊어지면서 생기는 고민이었습니다. 5살 연상의 남자친구는 자상하고 사려 깊은 성격으로 두 사람의 관계에는 전혀 문제가 없었지만, 만성질환을 앓고 있습니다. 두 번째는 불안 증상이 생기기 얼마 전 큰맘 먹고 라식 수술을 했는데 수술 후 빛 번짐이 생겨서 많이 불편해진 것입니다. 괜히 라식 수술을 한 것이 아닌가 하는 자책감이 들었습니다.

　그러나 우울 증상이 심해진 명백한 시점은 따로 있었습니다. 딸의 연애를 알게 된 어머니가 남자친구의 만성질환을 이유로 S의 책상 위에 교제를 반대하는 정성스러운 손편지를 올려놓은 것입니다. 그때부터 어머니와의 신경전이 시작되었고, S의 마음은 점점 불편해졌습니다. 그도 그럴 것이, S는 어머니가 기뻐하는 것이 너무나 중요한 사람이었기 때문입니다.

　10번째 면담에서 자신의 감정에 충실하려는 마음과 어머니를 기쁘게 하고자 하는 마음이 대립하고 있음을 확인하였습니다. 그리고 S의 어머니에 대해서도 좀 더 알게 되었지요. 어머니는 조용하면서도 본인의 생각이 확고한 분입니다. 그리고 자신이 원하는 방식으로 자녀들이 사회적으로 성공하기를 간절히 원하는 분입니다. S는 어머니를 위하고 싶고 어머니가 기뻐하는 것이 너무 좋지만, 어머니의 그러한 입장에 대해선 동의하기 어렵다고 조심스럽게 이야기했습니다.


　S의 고민은 '처음 느끼는 운명 같은 사랑이 지속 가능할 것인가'에 있습니다. 라식 수술을 선택하고 후회스러운 부작용이 생긴 것도 자신의 선택에 대한 불안을 자극하였습니다. 이러한 고민의 이면에는 모두 어머니가 있었습니다. 어머니를 기쁘게 하고 싶은 마음이 있고, 또 동시에 자신의 가치관으로 살고 싶은데, 그것은 어머니와 대립하는 상황입니다.

　S에게는 두 명의 언니가 있습니다. 큰언니는 어머니의 뜻에 충실한 진로를 선택하여 전문직을 가지게 되었고 열심히 살고 있습니다. 둘째 언니는 정반대의 삶의 궤적에 있습니다. 명문대를 나왔

지만, 자신이 원하는 일을 하겠다고 결심하면서 전공과 무관한 자신만의 험난한 길을 선택했지요. 그 과정에서 집안에 분란이 있었고 모녀 갈등은 상당했습니다.

S는 마음 아파하는 어머니를 보는 것이 괴로웠고, 동시에 자신의 선택을 밀고 나가는 언니가 부러웠지요. 자신의 욕망과 어머니의 욕망 사이에 갇힌 자아가 느끼는 불안과 두려움이 증상이 시작된 이유였습니다.

인간은 의식을 가진 유일한 생명체입니다. 하지만 척박하고 냉혹한 현실에서 생존하고 번성하며 후대에 유전자를 물려주기 위해선 강력한 무언가가 필요했을 것입니다. 저는 이 무언가가 바로 마음이라고 봅니다. 마음은 항상 어딘가를 향해 움직이려는 경향이 있습니다. 그것을 '의식의 목적성' 혹은 '지향성'이라고 부릅니다.

마음은 끊임없이 움직이면서 느낌과 생각을 만들고 그것을 우리의 의식에 전달합니다. 무언가를 하고 싶고, 무언가를 가지고 싶고, 무언가를 이루고 싶을 때가 있습니다. 특별히 무엇을 하려는 것은 아니지만 스멀스멀 올라오는 어떤 느낌이 들 때도 있습니다.

무엇인가를 강하게 원하는 마음의 에너지를 바로 '욕망'이라고 부릅니다. 항상 무엇인가를 원하는, 어딘가를 향하려는 인간 의식이 가지는 지향성 아래에는 욕망과 충동이라는 강력한 에너지가 있습니다. 누구에게나 내면에서 숨 쉬면서 때로는 휘몰아치는 이런 에너지가 존재합니다.

누가 뭐라고 해도 인간의 근원적인 에너지이며 가장 강력한 에너지는 욕망입니다. 그것은 갑자기 툭 튀어나와 사고를 만들고, 낭패를 보게 하기도 하며, 때로는 너무 깊게 잠들어 있어 그 존재를 알아차리지 못하기도 합니다.


현대 시대는 물질은 물론, 다양한 자극과 정보가 넘쳐나고, 너도나도 욕망을 향해 달려가는 '욕망의 시대'입니다. 원하든 원하지 않든 욕망을 자극받고, 동시에 욕망을 추구하고 추종해야 하는 시대입니다. 우리를 둘러싼 에너지들이 전에 없이 많아지고 그 전달 속도는 매우 빨라졌습니다.

욕망을 추구하는 데 대한 사회의 인식도 과거에 비해 관대해진 부분이 있습니다. 우리는 욕망을 상징하는 물질들과 그것을 자극하는 다양한 매체에 거의 온종일 노출되고 있습니다. 지금 이 순간도 개성, 의견, 주장, 정보, 광고가 난무하고, SNS에는 자기 욕망의 파생물을 드러내다 못해 과시하는 콘텐츠가 넘쳐납니다. 또 자신이 원하는 물건을 클릭만 하면 다음 날 집 앞에 도착해 있는 그런 시대입니다. 인터넷과 스마트폰이 만든 세상이지요. 앞으로 인공지능과 메타버스라는 가상과 현실이 혼재된 새로운 세계가 일반화될 것이라고 합니다.

그런 동시에 욕망이 거세된 시대이기도 합니다. 군중 속 고독, 풍요 속 빈곤이라는 말은 화려한 시대의 어두운 이면을 표현합니다. 과거 어느 때보다도 많은 것, 다양한 것을 욕망하며 그것을 다 가진 듯한 느낌으로 살고 있지만, 진정한 만족이나 행복과는 꽤 거리가 있어 보입니다. 자유로운 것 같은데도 답답한 마음을 자주 느끼고, 정말 하고 싶은 것을 하면서 살고 있다는 사람들을 찾기도 쉽지 않습니다. 물질만 많아졌지 상대적인 빈곤감, 박탈감이라는 문제 역시 여전합니다. 최근 수년간은 부동산으로 대표되는 자산 가격의 급등이 많은 사람에게 좌절감을 느끼게 했습니다.

밖이 다양해지고 외부의 자극이 많아진 이유로, 현대는 욕망의 대상이 대부분 밖에 있는 것으로 여깁니다. 외부의 것들은 돈으로 대표되는 교환 수단을 요구합니다. 또한 개성과 자기애로 무장된 타인은 관계의 대상이고 인정받아야 하는 대상이면서도, 의식하고 피해를 주지 않도록 조심해야 하는 대상입니다. 각자의 욕망이 중요해지면서 충돌이 자주 일어나기 때문입니다. 최근에 자주 보이는 젊은 세대와 기성세대와의 대립이나, 젊은 세대에서의 젠더 갈등이 점점 격화되는 양상과 같은 것이 이런 충돌의 대표적인 예입니다. 욕망의 표현, 발산을 허용하면서 동시에 욕망을 통제하고 처벌하려는 대립은 계속되고 있습니다.

바쁘게 살다가도 문득 떠오르는 질문들이 있습니다. "나는 어떤 사람일까요? 나는 누구일까요? 나는 왜 사는 것일까요?" 젊은 사람들은 이럴 때 현타(현실을 자각하는 타임의 줄임말)가 왔다고 표현하는 것 같더군요. 때가 되면 누구에게나 찾아드는 내면의 물음입니다. 하지만 그 질문에 적절한 답을 찾기는 쉽지 않으며, 한 가지의 답이 있는 것도 아닙니다.

만약 저에게 이런 근원적 질문들을 하나로 묶으라고 한다면 "당신의 욕망은 무엇인가요?"라고 묻겠습니다. 우리는 욕망이 아니면 움직이지 않기 때문입니다. 욕망이야말로 우리를 추동推動합니다. 나를 움직이는 진짜 에너지는 욕망입니다. 나의 욕망은 내가 무엇인가를 느끼고 생각하게 하며, 나를 행동하게 합니다. 그것이 모여 나의 시간과 공간이 되고, 삶의 궤적이 만들어집니다. 그런 면에서 욕망이야말로 운명의 또 다른 이름입니다.

지금 이 책을 읽으면서 욕망 이외에 다른 것들도 많다고 생각하는 사람도 분명히 있겠지요. 양보, 배려, 희생, 헌신, 사랑, 이타심, 종교적인 태도 등을 들면서 욕망만을 의식하면서 산다는 것은 진정한 인간다움에서 멀어지는 것이라고 주장할 수도 있습니다. 하지만 그것은 욕망을 제대로 이해하지 못하는 데서 오는 생각입니다.

인간다운 숭고한 행위는 왜 일어나는 것일까요? 복잡한 질문이며 개인이나 상황에 따라 모두 다를 겁니다. 하지만 공통점이 있습니다. 그러한 생각이나 행위가 나타나기 위해서도 그렇게 하려는 어떤 에너지가 작동되어야 한다는 것입니다.

바로, 욕망입니다.

김정수

# 차례

1장

# 욕망이란 무엇인가

# 1. 욕망의 역사

먼저 욕망의 역사로 시작해 봅시다. 수만 년 전 누군가에 의해 동굴 벽에 그려져서 지금까지 남은 그림들이 꽤 있습니다. 라스코 동굴 벽화, 알타미라 동굴 벽화, 쇼베 동굴 벽화 등이 대표적입니다. 정확한 연대는 알 수 없지만, 대략 2만 년에서 4만 년 전후로 그려진 그림들로 추정합니다. 모두 인간 문명의 시작이라고 하는, 소위 4대 문명의 시작보다도 한참 전에 그려진 것들입니다. 또 돌이나 뼈 등으로 만든 조형물도 있습니다. 이런 유산들을 통해 인류 조상들의 삶과 욕망을 엿볼 수 있습니다.

이 벽화들을 보면 생각보다 그림의 내용이나 색감이 상당히 뛰어나서 놀라게 됩니다. 특히 쇼베 동굴 벽화에는 현대에 와서 보아도 매우 생생한 색감과 다양한 동물들의 모습이 실감 나게 그려져 있습니다. 마치 애니메이션을 연상케 하는 동물들의 중첩된 움

쇼베 동굴벽화

직임을 표현한 그림도 볼 수 있습니다. 문화나 문명이 빈약했던 수만 년 전에도 인간은 많은 것을 상상하고 느껴왔으며 창조적인 표현력을 가지고 있었음이 분명합니다.

고대의 흔적과 유물들은 현실의 한계에 비해 인간의 뇌의 발달이 훨씬 더 빨랐음을 시사합니다. 수만 년 전부터 인간에겐 상상하는 능력이 있었습니다. 그들은 자신들이 느끼는 현실과 다른 어떤 세계에 대해 상상하고 꿈꾸었을 것입니다. 상상력이라는 에너지는 새로운 무언가를 만들어 내는 창조의 에너지이면서 동시에 비루한 현실과의 간극間隙을 확인시키는 고통의 에너지이기도 했 겠지요.

상상과 현실과의 간극으로 인해 언제부턴가 의식은 이상 혹은 본질을 따로 떼어 내어 생각하기 시작합니다. 이원론적인 관점이 지요. 상대적으로 동양의 세계관은 일원론적인 전통이 강한 편이 지만, 학문과 철학이 본격적으로 발달하기 시작한 그리스 시대에 플라톤plato은 이미 현상과 본질을 구분하는 이원론을 정립하였 고, 이데아idea라는 개념을 만들어 냅니다. 이후 서구의 기독교를 비롯한 서양철학은 대부분이 이원론적 배경과 전통을 가지게 되 지요. 현대 서양철학의 거두인 화이트헤드Alfred Whitehead는 서 양철학은 플라톤 철학에 대한 주석의 역사라고 했습니다.

생명과 삶은 에너지와 자원을 필요로 합니다. 인간이라는 복합 적인 생명체를 움직이는 일은 쉽지 않습니다. 인간을 움직이기 위 해서는 효율성 높은 에너지가 필요합니다. 여기서 욕망이라는 에 너지가 태어납니다. 근원적인 에너지는 내면에서 시작하지만, 에 너지의 어떤 부분과 자원은 대부분 밖에 존재합니다. 인간은 근원 적인 에너지로써 욕망을 밖으로 내보내야만 하는 운명적 주체입 니다.

욕망은 내부와 외부를 연결합니다. 욕망은 강렬합니다. 덕분에 인간은 외부에서 에너지와 자원을 얻을 수 있었고, 생존하면서 번성하게 되었지요. 하지만 욕망은 자주 선을 넘고는 했습니다. 탐욕과 충동성 그리고 원하는 것을 얻기 위한 공격성과 폭력성은 선을 넘는 욕망을 대표합니다. 도둑질, 사기, 강도, 강간, 살인, 기타 잔혹한 범죄, 전쟁과 파괴와 같은 사건들은 인류의 역사와 함께해 왔습니다. 기독교적인 관점에서 보자면 카인의 후예는 어쩔 수 없는 것이 아닐까 생각하게 됩니다.

흔히 인류의 역사는 문명의 역사라고 하고 또 전쟁의 역사라고도 합니다. 그러나 인류의 역사는 사실 욕망의 역사입니다. 역사적 사건들과 잔혹한 전쟁의 이면에는 항상 인간의 욕망이 있었습니다. 고대 그리스의 시인 호메로스의 작품 『오디세이Odyssey』의 배경이 된 유명한 트로이 전쟁도 아내를 빼앗긴 메넬라오스의 복수심 때문에 시작되었지요. 단 한 사람의 사랑과 욕망 때문입니다.

전쟁의 명분이라고 할 수 있는 이념, 가치, 명예도 사실 욕망의 추구이지만, 그 아래에는 경제적 이익과 권력이라는 구체적인 욕망이 있었겠지요. 인류의 역사는 욕망 표출의 역사이며, 욕망과 욕망이 갈등하고 충돌하는 역사입니다. 이성과 합리성의 가면 아래에 숨어 있는 광기와 욕망이야말로 역사의 동력이지 않았을까요? 그런 면에서 미셸 푸코Michel Foucault의 저서처럼 『광기의 역사』라고 표현할 수 있습니다.

다른 한편으로 보면 욕망의 억압과 통제의 역사이기도 합니다. 욕망은 쾌락이면서 한편으로는 광기의 얼굴로 인류에게 각인되어 왔습니다. 욕망은 소유하며 발전하고 창조하려는 에너지인 동시에 탐욕과 파괴라는 양면을 가지고 있습니다.

터부와 원시적인 규범, 나아가 법률과 제도, 도덕과 종교에 이르기까지, 인류는 다양한 사회적 틀을 통해서 충동과 욕망을 제어하려고 노력해 왔습니다. 사회적 규범을 깨뜨리고 약속을 파기하게 하는 욕망의 문제들을 규율과 법이라는 하드웨어에서부터 관습과 종교라는 소프트웨어로 통제하려고 하면서 문화와 문명이 발전하게 되었음도 중요한 사실입니다.

터부, 그리고 종교의 탄생

욕망은 에너지이지만 언어적인 개념을 가집니다. 욕망이라는 표현은 오래전부터 부정적인 느낌이 있었습니다. 기원전 1750년경 제정되어 최초의 법전으로 알려진 함무라비 법전도 사회적 규범을 벗어난 충동과 공격성을 구체적인 처벌로 다스리는 게 주요 내용입니다. 세계 3대 종교라고 할 수 있는 기독교, 불교, 이슬람교도 모두 욕망을 그렇게 보고 있습니다.

창세기에 기록된 원죄는 선악과를 먹은 것에서 시작합니다. 뱀의 꼬드김도 있었지만, 아담과 이브의 호기심과 식탐이 에덴동산에서 쫓겨나게 만든 것이지요. 기독교는 인간의 욕망과 탐심, 그로 인한 불복종을 원죄와 죄악의 뿌리라고 봅니다. 성경의 선악과 이야기뿐만 아니라 그리스 로마 신화의 이카루스와 태양 이야기, 판도라의 상자 이야기 등은 호기심과 충동을 부정적으로 묘사하면서 경고합니다.

불교에서는 모든 고통과 번뇌의 원인을 탐진치貪瞋痴(탐욕, 성냄, 어리석음)로 봅니다. 그래서 욕망과 집착을 내려놓고 무지를 이겨내야 한다고 하지요. 마음이라는 욕망이 만드는 환영으로 인해 현실이라는 또 다른 환영이 만들어진다는 불교의 관점은 현대 과학과도 잘 부합하는 매력적인 면이 있습니다.

이슬람교나 코란에 대해서는 잘 알지 못하지만, 히잡hijab이나 태형과 같은 이슬람의 대표적인 문화들을 볼 때, 이슬람교 역시 틀을 벗어난 욕망을 매우 엄격하게 다루는 것만은 분명합니다.

과거에 욕망은 범죄와 동일시되었습니다. 욕망 자체와 욕망의 왜곡된 결과물이 구별되지 않았기 때문이고, 욕망과 충동의 분별이 없었기 때문입니다. 그 배경에는 현실의 한계, 자원의 빈곤함이 있었습니다.

욕망, 특히 충동과 공격성으로 표출되는 욕망의 파생물들은 부족 간의 전쟁과 같은 상황에서는 유용한 에너지이지만 개인과 집단의 생존을 어렵게 만들기도 했습니다. 그래서 욕망을, 드러난 욕망의 부산물들을 통제해야 하는 것은 개인과 집단의 생존에서 매우 중요한 과제였습니다. 환경을 다스리기 어려웠고, 자원이 한정적이었던 과거에는 더욱 그랬지요.

수렵시대에는 사냥할 때 제한된 무기와 시간으로 목표물을 정확하게 타격하기 위한 절제와 통제가 필수적이었습니다. 마치 현대의 야구선수가 볼보다는 스트라이크를 쳐야만 좋은 타자가 될수 있는 것과 마찬가지이지요. 감정 통제 능력과 사냥의 기술을 가진 사람들은 생존에 유리했고, 나아가 집단의 중심이 되었을 것입니다.

집단을 이루어 생활하면서는 특히 젊은이들의 충동과 공격성을 통제하는 것이 부족의 안전에 매우 중요한 관건이었음을 짐작하는 건 어렵지 않습니다. 에티오피아의 하메르족 남성은 일정한 나이가 되면 여러 마리의 소를 뛰어넘는 성인식initiation을 합니다. 그 후에 마음에 드는 여성을 얻는 자격을 얻게 된다고 하지요. 소를 넘기 전 남성들은 응원의 의미로 여성들로부터 매질을 당한다고 합니다. 성인식과 그 준비 과정에서 남성들은 용맹함과 공격성을 기르는 동시에 적절히 통제하는 경험을 하는 것이지요.

욕망의 통제, 특히 충동의 통제, 나아가 억압은 터부taboo에서 시작되었습니다. 어느 사회, 어느 문화든 터부가 있습니다. 그것은 욕망과 충동을 조절하라는 집단적 압력입니다. 많은 인류학자가 대부분 문화에 토템totem과 터부가 존재한다고 말합니다.

토템이란 오스트레일리아, 아메리카, 아프리카의 특정 원시 민족에게 종교의 위치를 대변하고 사회조직의 기초를 부여하는 체계를 말합니다. 토템에는 두 가지 계율이 있는데, 같은 토템끼리는 죽이거나 먹어서는 안 되고, 같은 토템에 속하는 구성원끼리 성관계를 해서는 안 된다는 것입니다. 이 두 번째 계율에서 근친상간의 금기가 유래한다는 주장이 있습니다.

프로이트는 원시적인 터부와 강박증 환자들의 사고 사이에 공통점을 발견하는데, 그것은 마술적이고 미신적인 사고입니다. 어떤 금지를 어기면 불행한 결과가 초래될 것이라는 믿음인데, 이는 내적인 신념인 동시에 도덕적 원리가 됩니다.

토템과 터부는 개인과 집단에서 습관habit과 의례ritual가 되고 도덕적 원리로 발전합니다. 하지 말아야 하는 터부와 해야만 하는 의례가 생기는 것이지요. 더 나아가 종교로 발전하고 법으로 제도화되었을 것입니다. 그렇다면 과연 누가 터부를 정했을까요?

### 진화심리학적 욕망의 역사

잠시 진화심리학적 관점으로 들어가 보겠습니다. 생명이라는 에너지, 욕망은 생존과 번식 나아가 번영으로 향합니다. 그러기 위한 욕망의 구체적인 대상이 자원과 이성異性입니다. 그러나 현실은 자원이 부족하고 여러 가지 한계를 가지고 있습니다.

수십만 년 전부터 인류의 조상들은 제한된 자원을 차지하기 위해 경쟁해야 했습니다. 상당 기간 인류는 약육강식이라는 자연과 동물의 방식을 따라야만 했습니다. 그러한 환경에서 작동하는 방식을 아고닉 모드agonic mode라고 합니다. 고대 그리스어에서 아곤agon은 투쟁을 의미하므로 투쟁 방식으로 보면 되겠습니다.

아고닉 모드에서는 힘power과 서열rank이 최우선의 가치를 가집니다. 권력을 향한 욕망이 시작되었겠지요. 힘을 가지고 높은 서

열을 차지하기 위한 것이 주된 욕망의 표출이자 대상이었습니다. 반면 힘이 없는 사람들은 생존과 안전이 최우선의 가치였습니다.

권력과 생존은 동전의 양면입니다. 우리의 조상들은 아마도 수만 년 동안 아고닉 모드에서 살아남아야 했을 것입니다. 권력, 서열, 지위, 질서, 소유, 법 등은 우리의 마음과 뇌 속에 깊은 흔적을 남겼고, 유전자를 통해 현재에도 이어져 오고 있습니다.

인류가 농업을 시작한 건 기원전 9500~8500년경 터키 남동부, 서부 이란, 에게 해 동부 지방에서였다고 합니다. 소위 말하는 농업혁명이지요. 상대적으로 자원이 많아지고 사회가 복잡해지면서 인간의 의식에도 변화가 생기기 시작합니다. 진화심리학에서는 이를 헤도닉 모드hedonic mode라고 합니다. 헤돈hedone은 그리스어로 쾌락, 즐거움이라는 뜻을 가집니다.

성공적인 농업을 위해서는 함께해야 하는 일이 많습니다. 잉여식량을 지키는 데도 타인의 도움이 필요합니다. 권력을 통해 사람들을 부리는 방식은 여전했지만, 한편으로는 위협이나 지배보다는 끌림을 통해서 뭔가를 공유하고 설득하는 것이 훨씬 효율적일 수 있음을 배워나가기 시작합니다.

헤도닉 모드에서는 관계와 소통이 중요해집니다. 수백 년의 시간이 흐르면서 함께 승리할 수 있다는 의식의 개화와 성장이 생겨나고, 서서히 의식에 스며들기 시작합니다. 애정love과 애착attachment이 중요한 가치의 자리를 차지합니다. 더불어 소속감, 돌봄, 매력, 이타심이라는 가치가 생겨나고 발전합니다.

진화심리학적으로 남녀의 욕망에 차이가 있을까요? 과거 조상들의 삶을 모두 알기는 어렵습니다. 진화심리학에서는 생존과 후대로의 유전자 전달을 생명의 최고의 가치로 봅니다. 배우자를 얻고 자손을 낳아서 양육하는 데 의미가 있는 것이지요. 그렇다면 남녀의 짝짓기 행동, 배우자 선택에는 어떤 요인들이 작용할까요? 생각할 것도 적지 않고, 궁극적인 해답을 얻기에도 쉽지 않습니다.

남성들은 자신의 유전자를 남기는 데 유리한 여성들을 선호해 왔습니다. 젊은 여성, 출산을 잘할 것 같은 여성이 그 대상이 되었지요. 그것을 표상하는 것이 젊음과 건강 그리고 아름다움입니다. 신체적인 특성 중 도톰한 입술, 좌우 대칭의 얼굴, 골반 등이 매력을 끄는 이유도 그것이 주는 젊음과 출산 가능성의 상징 때문이라는 것이지요.

반면 여성들은 자신의 자녀가 안전하게 성장할 수 있는 자원을 중시하는 경향을 보입니다. 남성의 자원과 능력을 훨씬 더 중요하게 생각합니다. 또 장기적인 애정 관계를 유지할 수 있는 남성을 선호하는 경향을 보입니다. 이는 어느 문화나 사회든 비슷한 경향을 보이는데, 일시적인 관계가 아니라 결혼 상대자를 고를 때 훨씬 더 두드러집니다.

## 인문학적 욕망의 역사

에피쿠로스학파Epicurean school는 고대 그리스 철학의 대표적인 학파로, 마음의 평화와 행복한 삶을 추구하는 쾌락주의hedonism를 주장했습니다. 인간이 추구해야 할 최고 목표는 쾌락이며 유일한 선이라고 말했습니다. 하지만 쾌락을 발산하는 것이 아니라 적절한 쾌락을 통해서 마음의 평화를 얻는 것을 목표로 했습니다.

그런데 당대에는 금욕주의를 표방했던 스토아학파Stoicism의 생각도 널리 퍼져 있었습니다. 스토아학파가 번성했을 때의 결혼과 부부 관계는 엄격하고 경직된 기준을 요구받았습니다. 결혼은 우정이기 때문에 부부는 아이를 갖기 위해서만 사랑을 나누어야 하고, 그러한 경우에도 지나치게 애무하지 않도록 주의해야 했습니다.

그럼에도 그리스 로마 시대 역시 개인과 사생활의 개념이 상당

했다고 알려집니다. 고대 로마의 목욕문화, 콜로세움과 같은 경기장에서 구경거리로 욕망을 해소하는 방식이 유행하였으며, 여성은 철저히 남성에게 종속되어 있었습니다. 이처럼 개인이라는 개념은 분명히 있었지만, 사회와 공적인 영역에 큰 영향을 받았습니다.

역사학자이자 기호학자인 움베르토 에코의 동명 소설을 영화화한 「장미의 이름」은 중세의 수도원에서 벌어지는 연쇄 죽음이라는 사건을 해결하는 과정에서 드러나는 비밀을 다룹니다. 수도원장은 엄숙하고 무거웠던 당대의 분위기에서 즐거움과 쾌락을 불러일으키는 유머를 차단하기 위해 아리스토텔레스Aristoteles의 『시학』을 금서로 지정하고 그것도 모자라서 그 책에 독을 발라놓습니다. 그 책을 보고자 하는 욕망을 가진 사람들은 몰래 책을 보면서 하나둘 죽임을 당하지요.

실제로 플라톤에 비해 아리스토텔레스는 서구에서 상당 기간 제대로 평가받지 못했던 인물이었습니다. 하지만 르네상스와 더불어 그의 저술과 업적이 재조명되지요. 소위 암흑의 시대라고 불리는 중세시대는 그렇게 욕망이 거세된 시대였습니다. 종교에 의해 욕망은 철저히 억압되고 통제되었습니다.

서기 365년경 저명한 수도자인 에비그리우스 폰티쿠스는 사탄이 인간을 타락시키기 위해 이용하는 여덟 가지의 악덕 혹은 불순한 생각의 목록을 작성한다. 이 목록에서 절제와 금식에 반대되는 개념인 탐식은 첫 번째 유혹이며 성욕은 두 번째 유혹이다. 이리하여 탐식과 성욕이라는 사악한 한 쌍이 탄생했다. 그래서 수도의 규율은 무엇보다도 탐식을 근절하는 일을 최우선으로 삼아야 했다.[1]

자원이 부족했음에도 인간의 상상력과 추상적 사고능력은 계속 발전해 왔던 중세시대가 얼마나 엄격하고 경직된 사회였는지를 보여줍니다. 그렇게 암흑시대가 계속됩니다. 중세시대에도 일반 대중의 빈약한 삶과 달리 권력자나 일부 성직자들은 식탐과 음탕함을 노골적으로 만족시키는 삶을 살았습니다.

많은 세월이 흐른 후 걸출한 인물이 탄생합니다. 바로 르네 데카르트René Descartes입니다. 그는 "나는 생각한다. 그러므로 나는 존재한다"는 유명한 말을 남겼습니다. 존재에 대해 고민하고 회의懷疑할수록 분명하고 확실한 것은 자신이 생각하고 있다는 것뿐이라는 것을 발견하고 깨달은 것입니다.

---

1 『제7대 죄악, 탐식』플로랑 켈리에, 예경, 2011, p15

여기서 생각한다는 것은 끊임없이 의심한다는 의미입니다. 나는 생각하고 그래서 존재한다고 선언하는 순간 인간은 '자유롭게 사유하는 힘'이라는 강력한 능력을 얻었습니다. 하지만 한편으로는 생각으로 인한 문제들을 처리하고 해결해야 하는 또 다른 강력한 운명의 짐을 받아들여야 했습니다. 이것이 회의론과 이원론이지요. 데카르트는 회의와 사유를 통해 정신의 공백에 도달했습니다. 그러나 종교적인 인간이기도 했던 그가 그것을 철저하게 마주하기는 어려웠을 것입니다.

생각을 통해 신과 분리된 인간을 그려 낸 데카르트는 의심, 회의 그리고 분리(몸과 마음의 분리로 인한 이원론을 의미)라는 정신의 선악과를 먹은 제2의 아담입니다. 데카르트 이전에는 생각이 없었을까요? 그렇지는 않겠지요. 단지 그 생각의 대부분이 집단과 종교 그리고 신을 향해야만 했을 것입니다. 데카르트에 의해 생각 에너지의 방향이 개인의 의식으로 향하면서 개인이 부활하였습니다. 덕분에 욕망이 제대로 발전할 수 있는 길이 열렸습니다.

욕망은 집단적으로 표출되는 경우가 많지만, 본질적으로 개인의 영역입니다. 덕분에 우리는 이성적으로 사유하는 존재로 격상되었고 그 앞에는 한 개인이 되는 길이 열렸지만, 신에 대한 의지와 믿음으로 해결해 왔던 근본적인 문제들을 사유하는 짐을 짊어져야 했지요. 의심하고 회의하는 힘에 의지하면서 말입니다.

우리는 그렇게 생각하고 의심합니다. 욕망하면서 우리는 의심합니다. 데카르트에 의해 시작된 생각과 이성의 시대, 근대와 개인의 시대는 칸트Immanuel Kant와 헤겔Friedrich Hegel에 의해 정점에 도달하면서 인류의 많은 문제가 해결되는 듯했습니다. 소위 관념론idealism의 전성시대이자 유물론materialism의 시작입니다.

실제로 근대 이후 과학이 비약적으로 발전하였고 산업혁명이 일어나면서 물질 문명의 발전이 가속화되었음을 우리는 잘 알고 있습니다. 그러나 정작 19세기는 혼란과 갈등의 시대였고, 20세기 초중반에는 두 차례의 세계대전과 한국전쟁과 같은 참혹한 사건들이 계속되었습니다. 최고의 능력이자 가치로써 자리 잡고 군림해 왔던 이성의 위치가 그다지 공고하지 않고 신뢰하기 힘듦을 알게 된 것이죠.

이성보다는 무의식을 강조한 프로이트Sigmund Freud, 정신보다는 물질과 사회의 영향력을 주장한 마르크스Karl Heinrich Marx, 의식에 언어라는 시스템이 주는 영향을 개념화한 소쉬르Ferdinand de Saussure, 기존의 사고와 개념을 넘어서야 한다는 초월적 개인성을 주창한 니체Friedrich Wilhelm Nietzsche 등에 의해 기존의 이성이 가졌던 절대적 위치가 도전받았고, 새로운 개념과 에너지가 인류의 정신에 영향을 주었습니다.

다시 시간이 흐르고 욕망의 역사에서 또 하나의 의미 있는 인물이 등장합니다. 앞서 언급한 프로이트입니다. 프로이트는 중세시대에는 종교에 의해, 데카르트 이후에는 이성과 사고에 의해 철저히 억압되어 지하실에 감금되어 있었던 욕망과 충동이라는 에너지의 봉인을 해제시킨 사람입니다.

그는 자신의 환자들을 깊게 관찰하고 그들과 대화하면서 인간을 움직이는 근본적인 에너지가 이성과 사고가 아니라 감정과 욕망, 특히 성적 충동이라는 것을 경험하고 깨닫게 됩니다. 그리고 욕망과 충동의 대부분이 의식이 아니라 무의식의 세계에서 기원함을 발견합니다. 그리하여 자신의 임상경험을 체계화한 정신분석psychoanalysis을 통해서 인간 이해의 새로운 이정표를 제시하였습니다.

프로이트를 통해서 우리는 욕망이라는 에너지를 확인하게 되었지만, 욕망을 사용하는 문제, 욕망을 조절하는 문제, 무의식을 다루어야 하는 문제 등과 같은 정신적 숙제를 확인하게 됩니다. 정신분석을 창시한 프로이트와 분석심리학analytic psychology을 창시한 칼 융Carl Jung으로 대표되는 정신의학자들에 의한 무의식의 발견과 체계화는 이후 인류의 정신세계와 문화에 엄청난 영향을 주었습니다.

### 현대의 욕망

데카르트 이후 부활하여 수백 년의 나이를 먹어 온 개인은 계속해서 진화했습니다. 관찰하고 사고하는 능력을 인식하였고 그것이 발전하면서 이성의 시대가 개화하며 르네상스로 이어졌습니다. 덕분에 과학과 산업이 발달하였고 서서히 물질의 풍요를 선물받게 되지요. 그러나 많은 이들의 기대와 달리 세상의 변화는 더디었을 뿐만 아니라 많은 한계와 문제점이 노출되었습니다. 그리하여 19세기 중후반부터는 이성에서 감정으로, 의식에서 무의식으로 무게추가 이동합니다.

20세기에는 실존주의existentialism, 구조주의structualism, 포스트모더니즘postmodernism이라는 사조思潮가 유행하였습니다. 구조주의와 포스트모더니즘은 이성과 그 산물인 근대, 즉 모더니즘 그리고 그것들에 의해 형성된 기존의 사고, 개념, 질서, 진리에 대한 의심과 회의가 폭발하고 나아가 해체와 통합을 모색하는 과정에서 나온 갖가지 사유들의 총합입니다. 라캉Jacques Lacan, 레비 스트로스Levi Strauss, 푸코Michel Foucault, 들뢰즈Gilles Deleuze, 데리다Jacques Derrida 등 프랑스의 인문학자, 철학자들이 많은 기여를 했지요. 기존의 질서에 대한 회의, 냉소라는 면에서 포스트모더니즘은 데카르트의 후예라고 할 수 있습니다.

성립된 질서에 대한 회의와 나아가 해체, 즉 아버지 세계를 부정한다는 면에서는 프로이트와 궤를 같이합니다. 집단적인 오이디푸스 콤플렉스Oedipus complex 현상이라고 볼 수도 있겠지요. 구조주의는 이성으로 무장된 독립적인 주체는 존재하지 않고 사회적 구조, 언어적 기표記標로만 존재함을, 즉 구조와 기표에 종속된 존재라고 주장합니다. 이 또한 인간을 규정하는 새로운 에너지이면서 혼란이기도 하지만, 관계라는 인간의 실재성에 다가가게 했다는 긍정적인 면이 있습니다. 구조주의와 포스트모더니즘 덕분에 인류는 혼돈을 경험하면서도 다음의 세 가지 중요한 것들을 배우게 되었습니다.[2]

---

2 『켄 윌버의 일기』켄 윌버, 학지사, 2010, p264-265

구성주의, 맥락주의, 다원주의가 그것입니다. 구성주의는 우리가 인지하는 세상이 그냥 주어진 것이 아니라 부분적으로 우리가 구성한다는 의미입니다. 보편적이라고 생각했던 것들이 실제로는 사회적으로 또 역사적으로 달라집니다. 맥락주의는 의미가 맥락에 의존한다는 것을 말합니다. 그래서 세상에 대한 이해에서 해석이 중심적인 위치를 차지합니다. 다원주의는 의미와 해석이 맥락에 의존하고 언제나 복수의 맥락이 존재하므로 어떤 단일한 맥락에도 특권을 주어서는 안 된다는 것을 의미합니다.

  20세기는 그 어느 때보다 대중문화가 크게 발달한 시기입니다. 영화라는 새로운 매체가 등장하였고, 많은 사람이 이를 통해 만족을 얻고 배움과 경험을 쌓고 공유하게 되었습니다. 영화는 타인의 삶을 엿보게 하면서 동시에 시선을 공유하고 사람들 사이에 어떠한 연결을 만듭니다. 한 개인에게, 또 집단에게 영화만큼 쉽고 다양하게 뭔가를 전달했던 문화는 없었습니다.
  영화의 단골 소재는 사랑과 욕망, 싸움과 복수, 가치와 전쟁입니다. 엄청나게 많은 영화가 있지만, 욕망을 다루어 주목 받았던 작품으로는 「욕망이라는 이름의 전차」(1951), 「원초적 본능」(1992), 「살인에 관한 짧은 필름」(1997), 「다크 나이트」(2008) 등이 있습니다.
  20세기 후반부터 시작되어 21세기에 만개한 흐름은 개인 컴퓨터와 인터넷으로 인한 정보혁명입니다. 그리고 스마트폰을 통해 언제 어디서나 정보의 세계, 가상의 세계에 진입할 수 있게 되었지요. SNS, 유튜브, 게임, 커뮤니티 등이 우후죽순으로 생겨나고 번성하고 있습니다. 덕분에 정보의 단순한 소비자였던 개인은 정보를 생산하고 유통하는 개인으로 위상이 크게 변화하였습니다.

특히 우리나라는 이러한 변화의 최선두에 서 있습니다. 과거보다 기존 미디어의 영향력이 현저히 줄고, 대신 개인과 커뮤니티의 영향력은 커지고 있습니다. 이러한 환경에서는 개인성과 개인주의가 심화될 수밖에 없는데, 이는 심리적으로는 자기애narcissism가 강해짐을 의미합니다.

인터넷과 SNS에 대한 높아진 접근성은 자기애와 동시에 개인에 대한 타인과 사회의 영향력도 함께 키우고 있습니다. 타인과의 연결이 중요해지고, 나의 삶을 드러내는 동시에 타인의 삶을 엿보면서 우리는 더욱 자주, 혼자 있을 때도 타인의 시선과 만납니다.

오랜 시간 동안 개인은 집단과 종교의 영향을 받아왔는데, 그것이 타자화된 개인과 인터넷이라는 가상 사회의 영향으로 변하는 느낌입니다. 이로 인해 결국 인간은 사회적 존재이며, 관계 속의 존재임을 인정하게 됩니다. 그렇게 개인화와 집단화가 동시에 일어나고 있습니다.

통계청에 따르면 1970년 평균 가구원 수는 5.2명이었습니다. 2020년에는 2.3명으로 줄어들었고, 1인 가구의 비중도 31.7%로 현저하게 늘어났습니다.[3] 「나 혼자 산다」와 같은 예능 프로그램이 인기를 얻는 것도 이러한 배경의 영향입니다. 불특정한 사람들을 포함한 사회적인 관계는 늘어났으나 가족과 같은 친밀함과 사생활의 영역은 오히려 줄어들고 있습니다. 대신 개와 고양이 같은 반려동물을 키우는 사람들은 많아졌지요.

피규어를 수집하는 사람들도 많고, 실제와 구분이 쉽지 않은 사람 인형reborn doll도 등장했습니다. 처음에는 사고나 병으로 아이를 잃은 사람들, 혼자 사는 노인들을 위로하기 위해 만들어졌을 것으로 짐작됩니다. 그러나 세상에 하나밖에 없는 인형, 영원히 크지 않는 아기 등은 이별을 부정하고 현재의 만족을 지속시키려는 욕망의 표출이 아닐까요? 유아기에 나타났다가 사라지는 이행 대상이 다시 등장하면서 인격성을 가진 모양새인데, 현대인에게 만연한 자기애와 유아성을 보여 줍니다.

생명력을 잃어 가는 권위, 매력을 상실한 기존의 문화들, 갑질 문화에 대한 반발, 탈중앙화를 구현하려는 블록체인과 같은 신기

---

3  통계청, 「인구총조사」 https://www.index.go.kr/unify/idx-info.do?idxCd=4229

술, 기존 거대 미디어의 쇠락과 개인 유튜버의 약진 등은 기존의 질서나 권위와는 아주 다른 새로운 세상이 올 것임을 예고합니다.

정신분석의 입장에서 보면 아버지와 부성의 권위가 약해지고 더불어 오이디푸스 콤플렉스로 대표되는 무의식 구조에도 어떤 변화가 생기고 있을 가능성이 큽니다. 지식의 세계에서도 고지식하고 관념적이며 다소 현학적인 권위 대신 현실적이고 실용적인 지식이 많아졌습니다. 전문지식에 대한 접근이 과거보다 쉬워진 것도 긍정적입니다. 마음만 먹는다면 필요한 지식과 경험을 얻을 수 있다는 것도 엄청난 변화입니다.

또 다른 것은 외부의 권위 대신에 내부의 권위로 이동하는 현상입니다. 외부의 권위와 권력은 약해졌지만, 대신 내부의 권력과 권위가 자아를 누르고 압력을 행사합니다. 그래서 많은 사람이 피로를 호소합니다.

우리를 둘러싼 많은 정보와 빠른 속도는 우리에게 어떤 영향을 주고 있을까요? 특히 전 세계에서 가장 빠른 변화를 선도하는 대한민국에 사는 우리는 어떨까요? 빨리 알아야 하고, 빨리 해결해야 하고, 빨리 성취해야 하는 거대한 압력은 내면 깊숙이 숨어 있는 원형archetypes(정신의 가장 깊은 곳에 존재하는 근원적인 에너지로서 누구에게나 보편적으로 주어져 있으므로 집단 무의식이라고 함. 개인이 획득하지 않았다는 면에서 개인 무의식과 구별됨)의 에너지를 자극합니다. 목표와 성취를 중시하는 아니무스animus를 자극하는 것이지요. 개인 무의식의 차원에서는 슈퍼에고superego를 자극합니다.

문제는 그러한 자극으로 비대해지는 아니무스가 성숙한 아니무스가 아니라는 것입니다. 슈퍼에고로부터 오는 내면의 압력도 무시하지 못합니다. 개인은 자신도 모르게 점점 피로해집니다.

또 개인주의를 넘어서는 자기애가 중요해진 환경은 관계라는 우리의 본질을 말리고, 죽입니다. 에로스의 종말이지요. 이 또한 아니무스를 자극하고 경직되게 합니다. 점점 더 강해지는 아니무스와 로고스, 상대적으로 약해지는 아니마와 에로스는 젠더 갈등, 세대 갈등, 정치 투쟁으로 표면에 드러나고 있습니다. 어느 정도의 갈등은 필요하고 사회를 역동적으로 변화시키는 장점이 있지만, 갈등 아래에 있는 본질적인 에너지가 건강하고 성숙할 때라는 전제가 필요합니다.


여러 종류의 시선이 넘쳐나고 있습니다. 다양하고 복잡한 연결이 일어나고 있고 빅데이터 그리고 인공지능과 메타버스metaverse라는 새로운 기술과 개념이 생겨나고 발전하고 있습니다. 개인의 것, 즉 주관성을 극대화하려는 에너지와, 관계와 객관성으로 향하려는 에너지 사이의 대립은 부딪힘 속에서도 새로운 에너지와 문화를 만들어갈 것입니다.

정말 빅데이터는 많은 것들, 특히 인간 행동을 제대로 예측할까요? 인간 정신의 본질을 왜곡시키지는 않을까요? 자기애 및 그 부산물들과 공동체와 환경은 어떻게 조화를 이루게 될까요? 공동체 개념과 집단화하려는 에너지는 어떻게 구별되어야 할까요? 개인의 의식과 관심은 어디로 어떻게 성장하고 진화할까요?

사회적 명분과 추상적 정당성만으로 욕망을 폄훼하고 배제하려는 시도는 경계해야 합니다. 객관성이라는 이름을 달고 가해지는 폭력성도 마찬가지입니다. 나의 욕망에는 관대하고 타인의 욕망에는 엄격한 잣대를 대려는 저열한 시도도 지켜봐야 합니다. 현상과 본질을 분별하지 못하는 얕은 지식에 근거한 미봉책이 지혜와 용기의 자리를 독점하지 않아야 합니다.

심화되는 사회 경제적 불균형을 해소해야 한다는 공동체적 숙제도 여전합니다. 데이터와 정보가 계속 쌓이고 빅데이터를 넘어서 슈퍼 빅데이터의 시대가 오더라도 인간의 깊은 감정과 상상 그리고 직관과 창조성을 예측하거나 모방하는 데는 한계가 있을 것입니다. 그것이 정보와 기술의 쓰나미 속에서 개인의 존엄성과 가치를 지키는 마지막 망루이자 보루가 될 것입니다.

20세기 초반에 시작되어 발전하고 있는 양자물리학의 개념들은 많은 도움을 줍니다. 소위 뉴턴Newton 물리학의 법칙이 작동하는 거시계macrostate와는 전혀 다른 미시계microstate의 존재와 그것의 작동 방식, 그리고 원리가 조금씩 알려지기 시작한 것입니다.

양자물리학 덕분에 입자이자 동시에 파동이라는 빛의 양면성과 연속이 아니라 불연속적인 물질의 본질이 밝혀졌습니다. 끊임없이 변화하는 시공 속에서 불연속적인 어떤 것들이 있으며, 의식을 가진 관찰자가 관찰하는 순간에만 존재는 잠깐 등장하고 인식됩니다. 그런데도 우리의 마음과 뇌는 일시적인 현상으로의 존재를 절대적인 실재로 여기고 지속시키려고 합니다.

양자물리학의 지식 덕분에 우리는 마음과 뇌가 가진 감각과 지각의 한계를 조금씩이나마 깨닫게 되었습니다. 자아와 의식이 가진 불완전성을 어느 정도 객관화하면서 겸허해지지요. 관찰자에 따라 사물의 본성이 변할 수 있음도 알게 되었습니다. 고정된 어떤 것이 연속적으로 존재한다는 이전까지의 상식에도 혁명적인 변화가 생겼습니다.

인간의 의식은 사물과 존재라는 개념에서 사건과 관계라는 개념으로 발전하고 이동하고 있습니다. 자기애가 강화되면서 존재가 팽창되는 현대의 상황에서 양자물리학은 불확정성으로, 또 관계적 존재로서 인간을 이해하게 함으로써 균형을 잡아 주는 과학의 역할을 충실히 이행하고 있습니다.

과학과 의식이 조금 더 발전한다면 천동설에서 지동설로의 이동과 같은 제2의 코페르니쿠스적 전환이 일어날 것입니다. 그것은 자아ego에서 자기self로의, 존재에서 관계로의 거대한 이동을 포함할 것입니다.

### 나의 욕망의 역사

개인들도 저마다 욕망의 역사가 있습니다. 나의 욕망은 어떻게 생겨나서 흘러왔고 변화해 왔을까요? 어려서는 어머니의 품 안에만 있으면 편안하고 만족스러웠을 것입니다. 젖병만 물고 있어도 마냥 기분이 좋았을 것입니다. 성장하면서는 좋아하는 장난감이나 인형만 있어도, 단짝 친구만 있어도 신나고 좋았던 기억도 있겠지요.

놀이터에서 신나게 놀았던 기억이 떠오르나요? 받아쓰기에서 좋은 성적을 얻어서 칭찬을 받았던 기억은 어떤가요? 젊은 분들이라면 게임을 하면서 너무나 즐거웠던 기억도 있겠지요? 좋아하는 캐릭터의 아이템을 얻어서 신났던 느낌은 어땠나요? 음악을 듣거나 그림을 그리면서 혹은 운동을 하면서 유달리 즐거웠던 기억이 있을 수도 있습니다.

이성에 대한 설렘은 언제부터 누구를 향해 시작되었을까요? 사랑하는 사람과의 첫 데이트나 처음 손을 잡았을 때의 짜릿함을 기억하나요? 나아가 첫 키스나 첫 관계에서 느꼈던 흥분과 즐거움은 어느 정도였을까요? 자신이 했던 어떠한 활동이나 성취에 대해 사람들이 관심을 가지고 인정해 주었을 때도 그랬을 것입니다. 대학진학이나 일을 시작하면서 어떤 성취를 느끼고 만족과 자존감이 높아지는 기쁨을 느끼기도 했겠지요.

그런데 언제부터 불만 혹은 불안을 느끼기 시작했을까요? 혹시 어떤 계기가 있었는지 기억할 수 있을까요? 정말 간절히 원했던 것이 처음으로 좌절되었던 사건은 무엇일까요? 욕망이라는 에너지는 부모와의 관계에서 나아가 세상과의 관계에서 만족하고 때론 좌절하면서 분화하고 성장합니다. 나의 욕망의 역사는 내 삶의 이야기입니다.


나의 욕망의 역사를 알기 위해선 어린 시절의 경험과 기억에 대한 이해가 필요합니다. 어머니와의 관계에서 나의 에너지가 어떻게 표현되고 수용되었으며 또 통제되고 훈육되었는지를 느끼고 다가가야 합니다. 그것은 나와 어머니, 아이와 모성 사이의 관계에서 에로스eros라는 에너지가 어떻게 생겨나고 흘러가는지를 말합니다.

또 나와 아버지와의 관계에서는 어떤 일이 있었고 어떤 정서적 경험을 했는지에 대한 생각과 기억을 살펴보아야 합니다. 그것은 나와 아버지, 아이와 부성 사이의 관계에서 로고스logos라는 에너지가 어떻게 일어나고 흘러가는지를 묻습니다. 어머니와 아버지는 한 개인에게 주어진 욕망이라는 에너지가 통과해야 하는 두 개의 터널입니다. 이 부분에 대해 좀 더 깊이 알고 싶은 분은 필자의 『몸에 밴 어린 시절의 심리세계탐구』라는 서적을 참고하면 좋겠습니다.

모든 것의 변화 속에서 시간은 흘러가고 나의 욕망도 흘러가면서 변합니다. 때로는 만족하고 때로는 좌절하면서 욕망과 시간이라는 에너지는 삶을 만들어 갑니다. 그리고 자신의 욕망을 이해하고 조용히 관찰할 수 있게 되는 어떤 때가 찾아오겠지요. 삶이 욕망과 그것의 만족이라는 우물 안에서만 움직여 왔다면 욕망을 제대로 보지 못할 것입니다. 때로는 고통 속에서, 때로는 이별 속에서 우리는 거리를 두고 비로소 욕망과 그 그림자를 보게 됩니다. 그렇게 욕망을 이해할 때 삶을 이해하고 타인을 이해할 수 있게 될 것입니다.

## 2. 욕망의 본질과 특성

'욕망'이란 인간의 본질이 어떤 것을 행할 수 있도록 결정된다고 파악되는 한
에서 인간의 본질 그 자체라고 말할 수 있다.

_스피노자

　무엇인가에 관해 이야기할 때 흔히 우리는 본질이라는 표현을
사용합니다. 어떠한 것에서 '그것'을 빼면 '그것'이라고 볼 수 없
게 하는, '그것'이 '그것'이게 하는 성질을 우리는 흔히 본질이라
는 개념으로 이해합니다. 그렇다면 욕망의 본질은 무엇일까요? 욕
망이 무엇이며 어떤 성질을 가진 에너지인지를 분명히 해야 앞으
로의 여정이 수월할 것입니다.

　욕망은 느껴지면서 무엇인가를 강력하게 원하도록 격려하는 에

너지입니다. 그래서 욕망은 한 개인을 움직이게 하는 원초적이며 근원적인 에너지라고 볼 수 있습니다. 타고났으며, 강력한 무언가라는 측면에서 본능instinct과 비슷하게 느껴지지만, 욕망은 본능보다 훨씬 더 넓고 강한 개념을 가진 에너지입니다.

선험적으로 존재하는 동적 요인으로서 본능은 대부분 생리적 차원의 에너지이며 동물에게도 있지만, 욕망은 인간에게만 있습니다. 욕망은 본능을 포함하여 내면 깊숙이 자리한 상징과 이미지, 감정과 느낌, 나아가 인지와 기억이 어우러지고 그것들을 포괄하는 에너지입니다. 그리고 이 욕망은 자동으로 작동하는데, 매우 역동적이며 변화무쌍합니다. 우리를 둘러싼 환경이 단순하지 않으므로 적응을 위해선 우리의 마음도 그렇게 따라야 했겠지요. 적응과 진화의 산물로써 생겨난 비선형적 복잡계nonlinear complex system의 신경계를 움직여야 하고, 사회적 관계로서 생존해야 하므로 인간의 에너지는 복잡하고 다층적일 수밖에 없습니다.

## 욕망, 충동, 쾌락

욕망이 건강해지기 위해서는 '만족의 경험'이 필요합니다. 적절한 만족을 경험했을 때 욕망은 강력하면서도 정제되고 순도 높은 에너지가 됩니다. 여기서 말하는 만족은 요즘 말로 표현하자면

'찐 만족'이어야만 합니다.

만족하지 못했거나, 만족의 경험이 너무 적거나, 억지로 만족해야 했을 때, 억지로 만족하는 모습을 보여야 했을 때 욕망에 불순물이 끼어듭니다. 또 나의 욕망이 아니라 타인의 욕망에 의해서만 만족했을 때(예를 들자면 엄마가 너무 먹이려고 해서 억지로 포만감을 느끼는 아이)도 욕망이라는 에너지는 음식이 상하듯 변질됩니다.

만족 경험의 결핍뿐만 아니라 과잉 충족도 문제를 일으킵니다. 욕망이라는 샘물의 근원을 말라버리게 하기 때문이지요. 과유불급過猶不及입니다. 적절함이라는 것은 정말 쉽지 않은 개념이고 기준을 잡기도 어렵습니다.


욕망desire과 충동drive 그리고 쾌락pleasure은 비슷한 의미로 사용되지만, 사실 그 의미에는 상당한 차이가 있습니다. 욕망과 충동은 어딘가로 향하려는 에너지이며, 그 결과로써 우리는 만족하고 쾌락을 경험합니다.

그런데 욕망 자체는 만족만을 집요하게 추구하지는 않습니다. 만족의 근처에 도달하면 묘한 긴장감이 느껴지면서 욕망의 힘은 서서히 약해집니다. 욕망할 수 있음이 주는 만족이지요. 물론 아쉽고 약간의 좌절감을 느끼기도 하지만, 건강한 욕망은 다음을 기약

하고 이번 기회에서 얻은 정보와 배움에 높은 가치를 둡니다.

반면 욕망의 배다른 형제인 충동은 전혀 다른 속성을 가지고 있습니다. 단일한 에너지인 욕망에 비해 충동은 부분적이고 분절된 에너지입니다. 또 다른 차이는 속도와 강도입니다. 충동은 완전히, 그리고 급하게 만족하려고 합니다. 충동은 생각보다 아주 강력하게 주체를 움직이게 합니다. 대표적인 충동은 성 충동과 죽음 충동입니다. 그래서 충동은 주체를 위험에 놓이게 하고, 만족이 되지 않을 때 느끼는 좌절도 상당히 크게 다가옵니다.

충동은 원할 수 없는 것, 원해선 안 되는 대상을 욕망합니다. 충동은 동물적 본성에 가깝고 그 추동력이 너무 강해서 저항하기 힘든 에너지입니다. 그래서 인간은 충동에 굴복할 수밖에 없습니다. 그러나 욕망이 존재함으로 인해 어느 정도의 만족으로 충동에 맞설 힘을 가지게 됩니다. 욕망이 충동으로부터 자아를 보호하는 것입니다.

유난히 충동이 강한 사람도 있습니다. 금지된 욕망에 대한 반발로, 혹은 타고난 충동이 너무 강해서 그럴 수도 있고, 이유를 알지 못할 때도 있을 것입니다. 너무 강한 충동은 여러 가지 어려움을 만듭니다. 위험한 상황에 자주 노출될 것이고, 주위에서의 통제나 제재도 크게 들어올 것이며, 무엇보다 부정적인 결과들이 생길 확률이 높아집니다. 그렇게 시간이 지나면 스스로도 감당하기 힘들고 자존감에도 부정적인 영향을 줍니다. 특히 성 충동이나 죽음 충동이 너무 강한 사람들은 현실과의 관계에서 상당한 어려움을 겪게 됩니다.

알다시피 욕망은 만족과 쾌락을 추구합니다. 이것은 생의 초기부터 시작되므로 아이들도 즐거움을 느낍니다. 특히 몸에서 오는, 몸을 자극했을 때 경험하는 쾌락은 중요합니다. 뇌과학으로 보자면 보상회로가 작동할 때 경험하는 감정입니다.

그런데 인류는 쾌락을 부정적으로 보는 오랜 역사와 전통을 가지고 있습니다. 오랫동안 항상 부족했던 자원과, 쾌락과 충동의 분별이 어려웠던 것이 주된 원인일 것입니다. 쾌락의 반대편에는 불쾌와 고통이 있습니다. 흥미로운 사실은 전혀 다른 두 느낌이 사실은 뇌의 같은 부위에서 처리된다는 것입니다. 쾌락과 고통은 이란성 쌍둥이라고 할 수 있지 않을까요?


욕망은 태양과 같습니다. 의식이라는 지구에게 태양처럼 일정한 에너지를 지속적으로 공급합니다. 욕망은 여름날의 햇볕처럼 강렬하게 느껴지고, 소설 『이방인』의 주인공 뫼르소가 그랬듯이 우리를 행동으로 이끕니다(어머니의 갑작스러운 부고를 듣고 장례식에 참석했던 주인공은 충동적으로 살인을 하고 햇볕이 너무 뜨거워서 그랬다고 진술함).

하지만 태양을 맨눈으로 직접 볼 수는 없는 것처럼, 자아는 결코 욕망 자체를 직면하지 못합니다. 욕망이라는 에너지가 향하고 잠시 머무르는 것을 느끼고 볼 뿐입니다. 욕망의 상징, 대체물, 파생물, 반영물, 그림자를 볼 뿐입니다. 인간은 이카루스와 같은 운명이지요. 그럼에도 우리의 의식은 욕망을 보고 있고 또 충분히 알고 있다고 생각합니다.

사실 욕망처럼 실재도 볼 수가 없습니다. 우리는 무언가를 보고 알고 있다고 느끼지만, 그것은 뇌에서 구성된 것으로 실재와는 상당히 다른 무언가입니다. 계속 움직이며 변화하는 실재 속에서 의식이 개입하여 정지된 느낌을 만들고 그것을 주관적 사실로써 번역하고 있을 뿐입니다. 이는 인간이 가진 감각의 한계이자 뇌에서 구성된 것을 통해 지각하고 해석하는 마음과 뇌의 한계입니다.

이를 간파한 플라톤은 실재를 이데아라고 했지요. 주체는 결코 실재계에 도달하지 못한다고 표현할 수도 있습니다. 단지 상징을 통해서만 접근 가능하다는 것이 라캉의 견해입니다. 흔히 인생은 한여름 밤의 꿈이고, 지나가는 세월과 세상에 잠시 머무는 순례자의 삶이며, 현상계라는 허상을 보면서 꿈을 꾸고 있다고 표현하는 것도 비슷한 맥락이겠지요.

본질에 다가갈 수 없다는 면에서 욕망은 실재, 무의식, 원형과 궤를 함께합니다. 나아가 신神과 같은 속성을 지닙니다. 그렇게 본질과 우리의 의식 사이에는 좁힐 수 없는 간극과 공백이 존재합니다. 그 간극은 욕망과 현실 사이의 간극이기도 합니다. 욕망의 차원에서 보자면 욕망의 불가지성, 불가능성, 불확실성입니다.

### 욕망의 발원지

도대체 우리의 욕망은 어디에서 나오는 것일까요? 분명한 것은 타고날 때 이미 가지고 있는 것이며 누구에게 배운 것은 아니라는 것입니다. 정확히 알 수는 없지만, 사람들은 마음의 깊은 곳, 저 아래의 어떤 지점에서 뭔가가 생성되고 올라오는 느낌을 경험합니다. 의식이 닿지는 않지만 뭔가 느껴지는 어떤 곳에서 자동으로 작동하는 에너지라고 할까요? 그래서 본능이라는 개념도 생겼을 것입니다.

프로이트는 이것을 리비도libido라고 칭하였고 그 대부분은 무의식의 영역에 있다고 했습니다. 칼 융은 프로이트의 개인 무의식도 중요하지만, 그것을 넘어서는 집단 무의식collective uncon-sciousness(인류의 마음 깊은 곳에 있는 것으로 개인의 의지나 경험과 무관하게 선조들로부터 전해 내려오는 집합적이고 집단적인 무의식의 에너지) 혹은 원형에서 이런 에너지가 나온다고 했습니다.

수십 년 동안 쥐를 통해 생명의 에너지를 연구한 판크세프Panksepp는 중뇌midbrain의 수도관주위 회백질 영역PAG, periaqueductal gray matter에서 갈망, 욕정, 두려움, 분노, 염려, 놀이, 공포 등 원초적인 7가지의 일차감정이 시작되는데, 그중에서도 갈망seeking이 가장 중요한 에너지라고 주장합니다. 내용의 차이는 있지만, 기본적인 본성으로 희로애락애오욕喜怒哀懼愛惡欲을 강조하는 동양의 칠정론七情論과 비슷하지요.


무언가를 제대로 알기 위해서는 그 시작과 끝을 알아야 합니다. 그런데 우리는 우리의 시작과 끝을 전혀 알지 못합니다. 자신이 원해서 이 세상에, 이 시점에서 태어난 사람은 아무도 없습니다. 살아가다 언젠가는 끝을 맞이하겠지만, 언제 어떻게 죽음을 맞이하며 또 그 이후가 어떻게 되는지에 대해 확실하게 아는 사람도 없습니다.

우리의 주위엔 배우자나 연인, 가족, 친구가 있습니다. 친밀도는 조금씩 다르겠지만 모두 가까운 사람들입니다. 그런데도 우리는 결국 이 세상엔 혼자라고 느끼는 순간이 있습니다. 이러한 본질적인 한계는 우리의 존재, 마음 가운데 공간을 만듭니다. 이렇게 의식의 에너지가 닿지 않는 마음속 깊은 어떤 곳에는 무언가가 있지만 무엇인지 알 수 없고 특정할 수 없는 공간이 있습니다. 텅 빈 느낌을 주는, 결코 완전히 만족할 수 없는, 또 채울 수 없는 마음입니다. 이것을 공백과 결여라고 하겠습니다.

공백은 말 그대로 텅 빈 곳이며 무엇으로도 규정할 수 없고 채울 수 없는 시간이자 공간입니다. 기독교에서는 창세기 1장에 '태초에 땅이 혼돈하고 공허하며'라고 기술하고 있으며, 불교의 반야심경에서 색즉시공色卽是空 공즉시색空卽是色이라고 표현하는 것도 유사한 맥락으로 볼 수 있습니다. 가장 작은 원자의 공간과 가장 크고 넓은 우주의 99.9% 이상이 진공, 즉 공백으로 채워져 있다는 것은 매우 흥미로운 사실입니다.

명백한 한계가 있는 의식을 가진 생명체로서 생명을 지속시키고 발전시키기 위해서는 무언가가 필요할 수밖에 없습니다. 현재로서는 추상적으로 표현하는 방법밖에 없습니다. 한계에서 나오는, 즉 공백과 결여에서 시작되는 에너지가 욕망입니다. 공백을 없애려는, 결여를 채우려는 에너지가 욕망입니다.

현재의 수준에서 욕망을 구성하는 구체적인 것들을 살펴보자면 크게 네 가지 정도를 들 수 있습니다. 생물학적으로는 유전자 genes, 심리적으로는 개인 무의식personal unconsciousness, 원형, 인지적으로는 암묵적 기억implicit memory(의식에 쉽게 떠오르고 언어로 표현할 수 있는 외현적 기억explicit memory과 대비되는 개념으로, 쉽게 의식으로 떠오르지 않고 무의식 혹은 잠재 의식에 남아 있는 기억)입니다.

어렸을 때의 공백은 심심함이나 외로움으로 경험됩니다. 결핍을 느낄 만한 환경이 아니라면 성장하면서 그 느낌은 뭔가 다른 것으로 조금씩 변화하지만, 대개 의식의 표면에서 사라지려는 경향을 보입니다. 대부분 공백은 자동으로 피해지는데, 공백을 직면하는 것 혹은 결여를 느끼는 것이 불안과 공포를 자극하기 때문입니다. 특히 어떤 결핍이 있어서 공백이 자꾸 팽창하려는 내면을 가진 경우는 더욱 그렇습니다. 그래서 우리는 누구나 공백과 결여를 눌러서 없애려고 하고 또 회피하려고 합니다. 그것을 억압re-pression이라고 부릅니다.

억압은 지식, 사회적 지위, 물질, 행위 등이 공백과 결여를 누르고 무시하는 데 흔히 사용되는 에너지입니다. 누군가에 대한 의존이나 집착에도 이런 기제가 있고 철학, 이념, 믿음, 종교에서도 이런 용도로 사용될 수 있습니다. 뱃속의 공백을 피하려고 먹는 것은 물론이고, 공백을 피하려고 항상 무엇인가를 보고, 무엇인가를 들으려고 합니다. 잠들기 전에 스마트폰으로 배경음악을 듣는 것도 비슷한 이치이지요. 문제는 억압된 것은 되돌아온다는 사실입니다.

대인기피증과 시선공포증을 호소하는 20대 후반의 미혼 여성 D의 이야기입니다. D는 오랫동안 사람들과의 관계가 불편했습니다. 왠지 주위 사람들이 자신을 불편하게 여길 것 같고, 사람들이 무심코 던진 얘기에 괜히 상처를 받으면서 힘들어했습니다. 이성적으로는 그럴 필요가 없다는 사실을 알고 있었지만 불편한 느낌은 줄지 않았습니다. D의 말로는 사춘기 무렵부터 사람들과의 대화나 시선이 불편하다고 느껴왔다고 합니다. 증상은 악화와 완화를 반복하면서 만성화되었습니다.

최근에는 직장 생활을 시작하면서 새로운 사람들을 만나고 일에 적응해야 하는 등 스트레스가 높아진 상황입니다. 그러면서 다시 증상이 심해지자 치료를 위해 찾아왔습니다. 치료를 하면서 D는 자신이 대인관계를 불편하게 느낄 수밖에 없는 보다 깊은 이유를 깨닫게 됩니다. 그것은 대화에서 어쩔 수 없이 생기는 침묵, 즉 공백을 무서워하는 것이었지요. D의 이야기입니다.

"대화에서의 침묵이 불편해요. 내가 그들을 불편하게 한 것은 아닌지 계속 신경 쓰이고 그 생각이 사라지지 않아요. 그래서 사람들과의 관계를 자꾸 피하게 돼요."

라디오 방송에서는 5초 정도만 소리가 나가지 않아도 방송 사고라고 합니다. 이처럼 대화 중 약간의 침묵도 그녀에게는 엄청난 압력이고 불편함이며 고통입니다. 이 이야기는 내면의 결핍감과 연관이 있습니다.

D는 어려서부터 자신이 싫고 때로는 혐오스러운 느낌이 자주 들었다고 합니다. 항상 주위의 친구들이 자신보다 나은 것처럼 여겨지고 부러운 대상이었다고 합니다. 그리고 더 어렸을 때는 어머니와의 따뜻한 유대의 기억이 별로 없었습니다. 부모님 하면 떠오르는 기억은 항상 격렬하게 싸우던 모습과 자신을 야단치는 모습이었습니다.

어머니와의 따뜻한 관계의 결핍, 부모님 사이의 싸움은 D의 내면에서 공백을 팽창시켰을 것입니다. 자신이 부족하다는 느낌, 완전하지 않은 느낌, 하찮은 존재 같은 느낌은 D의 내면에 깊이 새겨졌습니다. 친구들과의 관계에서 그것을 채워야 한다는 마음이 생겨났고, 그것은 알차고 의미 있는 대화, 조금도 빈틈이 없는 대화여야 한다는 내적인 강박관념이 자라는 토양이 되었지요. 공백의 팽창과 그것을 막으려는 의식 사이에서 일어나는 긴장과 충돌이 D가 느끼는 불안의 실체인 것입니다. 자신의 내면 세계를 좀더 깊이 이해하게 된다면 D의 불안과 증상은 줄어들게 될 것이며, 불안 덕분에 오히려 인격이 성장할 것입니다.

공백을 과학적으로 생물학적으로 어떻게 설명할 수 있을까요? 불가능할 것입니다. 우리는 아직 의식에 대해서도, 마음의 공백에 대해서도 이성적이고 과학적인 방식으로 접근하고 이해할 수 있는 수단이 없습니다. 실제로 두개골 안의 뇌는 세포와 조직들로 빈틈없이 차 있는 것으로 보입니다. 공백은 철저히 정신적이고 상징적인 개념이어서 추상적으로 느껴질 수밖에 없지만, 그것은 경험적 실재입니다.

누구에게나 어느 순간에는 공백과 결여를 대면해야 하는 때가 찾아옵니다. 의지와 무관하게 우주 혹은 심해의 어떤 이미지가 갑자기 떠오르면서 심한 공포증을 느끼는 환자들이 있습니다. 우주

나 심해에 가 본 적이 없음에도 강력하고 생생한 공포의 에너지가 의식에 전달됩니다. 그런데 분석치료를 하다 보면 우주 공포 혹은 심해 공포는 어떤 계기로 내면의 공백이 자극받았을 때 생기는 증상임을 깨닫게 됩니다. 공황발작과 공황장애도 그 발병의 이면에는 공백의 갑작스러운 팽창이 감추어진 경우가 상당히 있습니다.

공백은 단순한 '부재' 또는 '결핍'이 아니라, 가장 강한 힘을 받는 알 수 없는 '무엇'입니다. 정신치료를 하면서 개성화 과정에 들어가는데, 그 전체는 변증법적이며 소위 '마지막'은 에고가 중심의 '공백'과 대치하는 순간입니다.[4]

### 욕망의 3가지 특성

앞서 이야기한 것처럼 우리는 욕망을 알기 어렵습니다. 그럼에도 의식적으로 이해 가능하며 접근할 수 있는 데까지 탐구해 보고자 합니다. 그래야만 하니까요. 우선 욕망의 성질과 특성에 대해 알아봅시다.

욕망의 특질을 정하는 일은 쉽지 않습니다. 하지만 그럼에도 욕망의 본질에 접근하게 하는 중요한 세 가지 특성이 있습니다. 첫

---

4 『카를 융, 영혼의 치유자』 클레어 던, 지와 사랑, 2013, p142

째, 욕망은 무의식적unconsciousness이라는 것입니다. 둘째, 욕망은 환상fantasy과 상징symbol으로 의식에 나타납니다. 셋째, 욕망은 대극성oppositeness을 가집니다. 영어 단어의 앞글자를 따면 UFOunidentified flying object가 되지요. 욕망은 미확인 비행물체와 비슷합니다.

　욕망은 그 뿌리가 무의식에 있으나 의식에 강렬하게 전달되는 에너지입니다. 그러한 욕망으로 인해 의식과 무의식은 연결됩니다. 욕망은 무의식의 전령이며 무의식과 의식의 연결자입니다. 이 세 가지 특성을 조금 더 살펴보기로 하겠습니다.

　첫째, 무의식성입니다. 욕망이 무의식적이라는 말은 원하지 않아도 욕망이 자동으로 생겨난다는 의미입니다. 그리고 욕망이 점점 커지더라도 그것을 잘 알아차리기 어렵다는 것입니다. 또한, 욕망하는 대상과 욕망의 내용을 의식적으론 받아들이기 어렵다는 뜻이기도 합니다. 세상에 태어났을 때 누가 가르치지 않아도, 유아의 의식이 제대로 작동하지 않을 때도 욕망은 자동으로 작동합니다. 어머니 품에 안기려고 하고 먹으려고 합니다. 다른 말로는 본능이라고 하지요.

　이렇게 욕망은 우리의 의식과 멀리 떨어진 곳에서 시작되고 점점 강해져 의식에 엄청난 압력을 행사합니다. 마치 바닷속 깊숙한 진원지에서 지진이 발생하고 그 에너지가 쓰나미를 통해서 우리에게 전달되는 것과 비슷합니다. 그래서 의식은 진짜 욕망을 알기 어렵고 욕망과 욕망의 대상을 구별하기도 어렵습니다. 욕망과 목표가 헷갈리기도 하지요. 욕망은 자동으로 생성되며 또한 자동으로 억압된다는 것이 무의식성의 핵심입니다.

둘째, 환상성과 상징성입니다. 욕망은 환상이고 이미지이므로 현실과 분리된 에너지입니다. 욕망의 환상성은 의식에 전달되는 욕망의 내용이 현실과 상당한 괴리를 가진다는 뜻입니다. 또 상당히 주관적이라는 의미입니다. 어릴 적 우리는 모두 상상과 환상의 동굴에서 살았습니다. 언제부턴가 밝은 현실로 나오면서 우리가 살던 곳을 잊어버렸지요. 가끔 막연한 상상이나 수면 중의 꿈을 통해서 상상과 환상을 경험하기도 하지만 말입니다.

환상과 상상의 뿌리는 상징입니다. 상징은 그 자체로 에너지인데, 무의식이 어떤 형식으로 배열되면서 형태를 가지는 것입니다. 무의식과 잠재 의식은 그 자체로 생명력을 가지고 자율적으로 움직이는데, 그것이 어떤 패턴을 형성하면서 이미지를 만들 때 그것을 상징이라고 부릅니다.

객관적 사고는 나누고 구분하려고 하지만 상징은 하나로 묶고 통합하려고 합니다. 그래서 단순하게 비칩니다. 응축되면서 에너지를 보호하고 저장하는 것이지요. 상징은 그 특유의 추상성 때문에 쉽게 새로운 형태로 변형되면서 창조성을 가집니다. 종교, 사회 체제, 언어, 화폐, 국가 등 인간이 만든 문명의 근간은 대부분 상상과 상징에 기초합니다. 상상 혹은 환상하면 무엇이 떠오르나요? 프로이트와 칼 융은 다음과 같이 말했습니다.

환영은 우리 마음을 사로잡는다. 우리들을 고통에서 구해 주고, 우리로 하여금 즐거움을 누릴 수 있게 해 주기 때문이다. 따라서 우리는 때로 환영이 그것을 산산조각 내는 현실과 충돌하게 되는 경우에도, 아무런 불평 없이 그 사실을 인정해야 한다.

_프로이트[5]

끝없는 환상의 흐름이 펼쳐졌다. 나는 방향감각을 잃지 않고 길을 찾기 위해 최선을 다했다. 나는 낯선 세계 속에 속수무책으로 서 있었다. 모든 것이 내게는 어렵고 이해하기 불가능한 듯이 보였다.

_칼 융[6]

---

5 『신경과학과 마음의 세계』 제럴드 에델만, 범양사, 1998, p204
6 『카를 융, 기억 꿈 사상』 카를 융, 김영사, 2007, p325

욕망은 원래 인류와 함께 존재해 왔고 생명이 태어날 때 한 개인에게 주어집니다. 욕망은 환상과 상징으로 존재하고 의식에 전달됩니다. 환상과 대상과의 첫 만남은 대부분 어머니, 모성입니다. 애착 관계에서 욕망은 꽤 충족되지만, 완전한 만족은 불가능하지요. 욕망의 본질인 환상은 현실과의 본질적인 괴리를 완전히 없앨 수 없습니다. 타인일 수밖에 없는 어머니와 모성의 한계이기도 하고 때가 되면 아버지의 끼어듦까지 있기 때문입니다.

아버지의 존재, 아버지의 언어 그리고 질서는 그 자체로 억압입니다. 이미 존재하며 내가 만든 언어가 아니기 때문이지요. 아이가 크면서 언제부턴가 아버지가 눈에 들어오기 시작하는데, 이때 아이는 불안과 위협을 체험합니다. 그리고 고민합니다. 기존의 질서에 복종하고 편입할지 아니면 자신의 세계를 고수할지.

셋째, 욕망의 대극성은 서로 아주 다른 상반된 방향성을 가진 에너지가 있음을 말합니다. 낮과 밤, 해와 달, 더위와 추위, 건기와 우기, 만조와 간조, 남성과 여성, 익숙함과 새로움, 들숨과 날숨, 탄생과 죽음, 혼돈chaos과 질서cosmos, 생성과 소멸 등 자연 현상의 많은 부분이 상반된 상태의 대립과 주기적인 반복입니다.

인간의 생명과 정신도 자연의 일부이기에 대극성이 있는 것이 자연스러울지도 모릅니다. 동양에서는 음양이라고 하지요. 대극성으로 인해 의식에서는 대립과 갈등을 겪게 되지만, 내면에서는 관계라는 에너지의 생성과 흐름을 위한 근본적 토대가 만들어집니다.

길고 긴 시간의 흐름 속에서 겪은 진화 과정의 영향도 있을 것입니다. 진화 과정에서는 기후와 같은 환경의 갑작스러운 변화도 있었을 것입니다. 신경계의 진화 속도와 환경의 변화 사이의 시간 차도 생겨났겠지요. 이러한 것들도 뇌와 정신세계에 어떠한 단층 구조를 만들지 않았을까요? 현대에 갑자기 비만이 많아진 것, 과거보다 안전한 환경이 되었음에도 뱀이나 새와 같은 특정 동물에 대한 비합리적 공포가 남아 있는 것이 그러한 사례가 되겠지요.

내향성과 외향성, 남성성과 여성성, 주관성과 객관성, 사실과 허구, 감정과 이성, 고유성과 사회성, 규칙성과 랜덤성, 미숙함과 성숙함, 우월감과 열등감, 이타심과 이기심, 이상과 일상, 본성과 도덕, 육체와 정신, 사랑과 힘, 과거와 현재, 미시계와 거시계 등은 대극성의 대표적인 축들입니다. 개념적 용어로서 여러 대극성을 간단하게 나열했지만, 깊이 생각해보면 각자의 마음속에서 양쪽이 대립하면서 때론 요동치면서 생겨나는 내면 에너지의 흐름을 충분히 생생하게 느낄 수 있을 것입니다.

생물학적으로도 좌뇌와 우뇌의 역할의 차이, 신피질에 해당하는 위쪽 뇌와 구피질에 해당하는 아래쪽 뇌 사이의 뚜렷한 기능 차이 그리고 자율신경계 내에서 교감 신경계와 부교감신경계의 역할 차이 등을 생각할 때 마음에 다양한 에너지가 있고 대극성이 있는 것이 너무나 당연한 현상입니다.[7]

마음과 뇌에는 대극성과 이질적인 에너지에 의한 단층 구조가 있습니다. 마음의 단층들은 지층이 충돌하는 것처럼 내적인 갈등을 일으킵니다. 또 삶의 흐름 속에서 마디와 전환기를 만듭니다. 연속적인 삶처럼 보이는 인생에는 분명히 구별되는 시기들이 있는데 아동기, 사춘기, 청소년기, 성인기, 중년기, 노년기 등입니다.

그중 가장 극적이지만 잘 느끼지 못하는 것이 '오이디푸스 단층'입니다. 어머니와의 안정적인 양자 관계에 있다가 5세 전후로 외부, 특히 아버지의 인격과 본격적으로 만나기 시작할 때 아이가 경험하는 당혹감과 이질감, 두려움을 오이디푸스 콤플렉스라고 부릅니다. 생각보다 많은 이들의 무의식에 오이디푸스 콤플렉스의 잔영이 남아서 인생에 영향을 줍니다.

앞선 사례처럼 내면의 단층이 외부 환경의 자극을 받고 팽창되다가 결국 외부로 투사될 때 외부 세계와의 대립이 커지고 단절이

---

7 『몸에 밴 어린 시절의 심리세계탐구』 김정수, 한언, 2021, p31-32

나타납니다. 이때는 외부와의 관계도 살펴야 하지만, 외부와의 갈등을 만드는 근본 원인인 내면의 단층과 대극성을 이해해야 합니다. 이것이 인격의 성장과 심리 치료의 핵심입니다.

대부분 단층은 수평적이어서 위아래로 작동하는 억압이 주된 역할을 하지만, 트라우마와 같은 극적인 자극은 내면을 수직적으로 분리하는 단층을 만듭니다. 수평적인 단층과 달리 수직적인 단층은 내면을 여러 정체성으로 분열시키는데, 인격이 완전히 분리되는 소위 다중인격장애(해리성 정체성장애)가 대표적인 정신병리입니다.


어떻게 모순적이고 허구적이며 대극성을 가진 욕망이 내면의 주된 에너지로 자리 잡게 되었을까요? 현실이라는 냉혹하고, 한계가 있으며, 변덕이 심한 환경의 영향이 클 것입니다. 타고난 욕망이라는 에너지가 향하는 첫 대상은 주 양육자, 부모일 수밖에 없습니다. 대부분 부모는 아이에게 헌신하지만 아이는 부모로부터 완전한 만족을 얻지 못합니다.

욕망의 대상으로서 어머니 혹은 아버지는 부적절하며 불가능한 관계입니다. 불가능한 대상을 욕망하므로 좌절할 수밖에 없지만, 대신 욕망의 불꽃은 쉽사리 꺼지지 않는 생명력을 얻게 됩니다.

현실의 결핍 속에서도 피어나는 인간의 상상력은 불가능을 상상하게 합니다. 욕망에 대한 처벌도 사실은 허구입니다. 이 허구를 이해하지 못하고 진짜 처벌로, 정말 죽는 것으로 받아들일 때 강박증과 우울증이 생겨납니다.

### 욕망의 이중성, 모순성 그리고 상보성

욕망이라는 에너지는 참으로 묘한 친구입니다. 알다가도 모르겠고, 힘들게 하면서도 에너지를 줍니다. 우리는 욕망으로부터 에너지를 얻으면서도, 욕망 때문에 힘들어합니다. 욕망이 가진 본질적인 대극성對極性은 알아차리기 쉽지 않지만, 무언가 이중적이고 모순적인 느낌을 받았던 기억은 꽤 있을 것입니다.

욕망의 이중성과 모순성을 구체적으로 살펴보자면 첫째, 욕망은 강력하지만, 본질은 환상이며 허구입니다. 너무나 강력해서 사실처럼 느끼지만, 사실이 아닙니다. 사실이냐 아니냐는 욕망에서 그다지 중요하지 않습니다. 사실이 아니어도 얼마든지 욕망이 될 수 있습니다. 짝퉁도 욕망의 세계에서는 진품일 수 있고, 실제 하지 않는 환상도 욕망으로 작동합니다. 완벽주의에 대한 욕망이 대표적이지요.

둘째, 욕망은 그것이 현실이 되었다고 느낄 때 만족으로 경험되지만, 현실이 되지 않아도 만족은 일어납니다. 가령 배가 너무 고 프면 식탐이 넘쳐날 수 있습니다. 음식을 먹으면 식욕은 포만감으로 대체되면서 일시적으로 사라집니다. 그런데 어떠한 이유로 음식을 먹을 수 없는 상황에서 일정한 시간이 흘러가면 의외로 식욕이 잠잠해지고 먹는 것에 대해 별생각이 없어졌던 경험이 있을 것입니다.

물건에 대한 소유욕도 비슷합니다. 갖지 않아도 어느 정도 시간이 흐르거나 상황이 바뀌면 가진 것과 비슷한 마음의 상태가 될 수 있습니다. 욕망의 만족은 그렇습니다.


셋째, 우리는 모순되거나 상반된 욕망을 동시에 원하곤 합니다. 맛있는 것을 마음껏 먹고 싶으면서 살은 빼고 싶습니다. 백화점에서 소비하고 싶으면서 동시에 통장의 잔고는 늘어나기를 원합니다.

동일한 대상에게 애정을 갈구하면서 동시에 미움을 느끼기도 합니다. 어떠한 승리 혹은 성공을 원하면서도 동시에 실패나 패배를 선택하기도 합니다. 혼자 있고 싶으면서도 사람들의 관심과 교제를 원합니다. 창조적인 생산을 원하면서도 폐허와 허무의 또 다른 상태를 원하기도 하지요. 대극적인 욕망은 얼마든지 동시에 작동되곤 합니다.

욕망이라는 에너지의 대극성과 이중성은 각 에너지 사이에서 대립과 긴장을 만들지만, 두 에너지 사이에서 일어나는 긴장과 차이는 보이지 않는 경사를 만들어 에너지의 흐름과 움직임을 생성합니다. 두 에너지 사이의 차이와 긴장이 상징의 장symbolic filed을 움직이게 하는 에너지가 되는 것입니다.

만약 내면이 편평하고 완전한 구조로 되어 있다면 내면 에너지에는 어떤 흐름도 생기지 않을 것이며 정지된 상태로 고착되겠지요. 완벽하게 안정된 상태는 완전히 고정되고 움직이지 않는 상태, 즉 죽음과 비슷한 상태입니다.

대극적이며 상반된 욕망은 갈등을 만들지만, 한편으로는 이드와 슈퍼에고처럼 서로를 보완하며 서로에게 에너지를 줍니다. 욕망의 상보성相補性이라고 하지요. 우리는 욕심이 채워지고 나면 이타심을 느끼고, 욕망이 채워지고 나면 그 대상이나 방법에 따라서 죄책감을 느끼기도 합니다. 물질의 문제에 몰입했다가 정신의 영역으로 이동하고, 몸의 욕망에서 정신의 욕망으로 움직이고, 감정적 욕망에서 이성적 욕망으로 옮겨갑니다. 그리고 에너지는 존재에서 관계로 움직입니다.

　예술과 과학의 관계도 그렇습니다. 정신적 스트레스가 강할 때 먹는 것을 통해서 풀려고 하거나 성적인 쾌락을 통해서 풀고자 하는 것도 비슷한 현상이지요. 반대로 몸이 너무 아프거나 신체적 한계 상황에서는 정신적 가치에 몰두해서 균형을 잡으려고도 합니다. 마음속에 갈등이 많다면, 넘치는 생각으로 머리가 복잡하다면 자신의 욕망이 무엇이고 어떻게 대립하는지를 살펴보고 각 욕망이 서로에게 도움을 주고 보완하는 방법에 대하여 고민하는 것이 도움이 될 때가 많습니다.

## 3. 욕망과 인지, 그리고 이야기

여기에서는 인지라고 하는 생각과 욕망의 관계에 대해서 살펴보려고 합니다. 인지과학과 뇌과학에 관한 이야기가 많아서 다소 딱딱하고 이론적인 부분도 있겠지만, 욕망을 이해하는 데 또 다른 시야를 제공하므로 살펴볼 가치가 충분합니다.

생각과 행동을 깊이 살펴보면 우리는 항상 무언가를 하고자 함을 느낄 수 있습니다. 현상학에서는 이를 의식의 지향성orientation 이라고 합니다. 가령 우리는 어디론가 이동할 때 그냥 걷는다고 생각하지만, 사실은 한 걸음을 내딛기 전에 이미 발걸음이 놓일 지점에 위험이나 문제가 없는지를 자동으로 살펴보고 예측합니다.

만약 우리가 갑자기 공간 이동을 해서 처음 가보는 아프리카의

밀림에 떨어졌다고 가정해 봅시다. 우리는 쉽게 움직이지 못할 것입니다. 예측되지 않기 때문이지요. 예측하지 않고는 한 걸음도 나아가지 못합니다. 그래서 뇌과학에서는 뇌를 두고 '예측하는 기계'라고도 합니다.

### 욕망의 예측과 관점

인간은 항상 예측prediction하고 기대하는 존재입니다. 마음은 항상 앞서갑니다. 만약 상황을 적절하게 예측할 수 있다면 생존 가능성이 커지고, 한정된 에너지를 효율적으로 사용할 수 있으며, 만족의 가능성도 커집니다. 예측한 것이 일어나면서 만족하고, 예측이 실패했을 때 뭔가를 배우며 우리의 마음과 뇌는 성장합니다.

예측대로 되지 않는 것을 인지과학에서 예측 오류prediction error라고 합니다. 뇌는 항상 예측하고 또 항상 예측 오류를 만납니다. 적절하게 예측하기 위해서는 꽤 많은 것들이 필요합니다. 우선 최소한의 인지능력이 필요하고, 시간 개념이 있어야 합니다.

다행히 대부분 사람은 어느 정도의 인지능력과 시간 개념을 어렵지 않게 획득하지요. 그리고 습득된 데이터와 정보가 많을수록 당연히 예측이 쉽게 다가옵니다. 최대한 많이 경험하고 또 배워야 하는 이유이지요. 마지막으로 중요한 것은 과거 데이터와 정보의 패턴을 아는 것입니다. 이것은 상대적으로 고차원적인 학습인데, 경험과 직관이 어우러진 통찰력이 필요합니다.

예측 오류는 피할 수 없는데, 두 가지 경로를 통해 해결할 수 있습니다. 하나는 예측 오류를 통해 뇌가 각성하면서 재미나 의미가 생겨나는 것입니다. 마치 영화나 드라마의 반전 상황에서 재미를 느끼는 것과 같습니다. 이때 새로운 정보가 들어오고 배움과 학습이 일어납니다. 예측 오류가 긍정적으로 작용하는 것이지요. 생물학적으로는 도파민이 관여한다고 알려져 있습니다.

또 하나는 좌절과 단절입니다. 예측 오류가 심한 스트레스로 작용하면서 부정적인 감정이 생겨나고, 그것을 처리하는 과정에서 심리적인 타격을 입고, 대상과의 관계를 단절하는 것입니다. 이것은 일종의 자기보호입니다. 동물이 포식자를 만났을 때 보이는 도망가기flight 혹은 얼어붙기freezing 반응과 유사한 현상입니다. 예측 오류를 인정하고 그것을 좋은 경험으로 인식하려는 유연하고 긍정적인 태도가 중요하겠지요.

완벽주의나 강박증, 경직된 사고방식, 너무 절박한 불안상태 등은 예측 오류를 부정적으로 보게 만들어 경험을 제한시키는 내적

이유들입니다.

인지적 측면에서 또 다른 중요한 개념은 관점perspective입니다. 관점은 상황을 파악하게 하는 비의식적인 표상으로 정의됩니다. 관점이 없다면 우리는 현실을 받아들일 수 없습니다. 일관된 어떠한 관점이 있기에 우리는 세계를 일관되게 받아들이고 이해할 수 있습니다.

아직 의식의 실체를 확실하게 알지 못하지만(뇌세포에서 생겨나는 전기 및 화학적 에너지가 어떻게 의식으로 전환되고 경험되는지 알지 못함), 의식에서 두 가지가 필수적이며 핵심인 것은 분명합니다.

첫째, 주관성subjectivity입니다. 주관성이 작동하기 위해선 기억과 기억의 통합, 즉 일관성이 필요하고 어떠한 관점이 구축되어야 합니다. 개인적인 관점이지요. 관점은 대상을 향하는 틀, 범주, 개념으로 작동합니다. 주관성은 의식과 대상 사이의 경계를 만듭니다. 둘째, 통합된 경험integrated experience입니다. 통합된 경험은 개인적인 느낌을 만듭니다.

주관성과 경험은 양날의 검입니다. 주관성이라는 그릇이 있기에 우리는 자극을 받아들이고 나름대로 일관성 있게 처리할 수 있습니다. 결론적으로 주관성과 통합된 경험은 의식의 핵심적인 구성 요소입니다.

그렇지만 주관성 때문에 대상과 분리될 수밖에 없고, 우리는 객관과의 거리를 어느 이상으로 좁히지 못합니다. 주체적일 때, 즉 주관을 가지는 바로 그 순간 객관과는 멀어집니다. 어쩔 수 없는 일입니다.

또 주체는 고정된 것이라고 믿지만, 사실 우리의 주체라는 것은 항상 변해 왔고, 지금도 조금씩 변하고 있고, 앞으로도 그럴 것입니다. 신체는 물론이고 정신적인 부분도 마찬가지입니다. 주관성, 관점, 그리고 자아는 모두 그러한 모순을 공통으로 가지고 있습니다.

나는 보는 자입니다. 눈으로, 또 마음으로 나를 그리고 세상을 바라봅니다. 그러므로 나는 관점입니다. 나도 모르게 바라보는 관점에 의해 경험이 일어나고 그 경험은 나를 구성합니다. 관점과 예측을 완전히 벗어나서 생존을 위협하는 사건이나 경험을 트라우마trauma(원래 트라우마는 생존을 위협할 정도의 강력한 병리적 사건을 뜻함. 최근에는 트라우마의 개념이 지나치게 넓어지고 있는데, 자기애가 강해진 영향을 받은 것으로 짐작함)라고 부릅니다.

많은 경우 비록 부정적인 관점이라도 그것을 유지하려고 합니다. 그것이 자아이기 때문이지요. 자꾸 부정적으로 바라보는 사람들은 불편함과 불안을 느끼지만, 그 사실을 안다고 해도 쉽게 바뀌지 않습니다. 자아는 관점의 내용보다도 관점의 일관성이 중요합니다. 부정적인 관점이 유지되는 이유입니다.

관점과 예측은 개인의 의지와 무관하게 자동으로 작동하는 마음과 뇌의 기본적인 속성이며 기능입니다. 마음에는 의식하지 않아도 어떤 기준으로 세상을 바라보며, 뭔가를 예측하게 하고, 예측 결과를 처리하게 하는 에너지가 작동하고 있습니다. 그것이 욕망입니다.

관점과 예측은 욕망의 인지적인 표현입니다. 관점은 주의력이라는 에너지가 움직이는, 즉 내면의 욕망이 흐르는 방향입니다. 현재를 자신의 욕망으로 고정하려는 무의식의 태도가 관점이며, 미래를 자신의 욕망으로 만족시키고자 하는 무의식의 태도가 예측입니다. 현재와 미래를 모두 알고 나아가 통제하고자 하는 것이지요.

예측하는 것은 무의식적인 관점을 갖고 바라보는 것, 즉 응시하는 것입니다. 우리는 응시하면서 무언가를 표현합니다. 또한, 응시하고 표현하면서 경험합니다. 그 아래에는 모두 욕망이라는 에너지의 움직임이 있습니다. 그러므로 예측한다, 기대한다, 응시한다, 표현한다, 경험한다는 것은 모두 욕망의 또 다른 얼굴입니다. 욕망이 적절하게 작동하기 위해서는 자유로워야 합니다. 그런데 예측하지 못하는 것, 기대하지 못하는 것, 응시하지 못하는 것, 나아가 경험하지 못하는 것이 억압이고 거세입니다.

뇌는 생존과 편안함을 위해, 또 만족을 위해 항상 예측하려고 합니다. 그러나 삶이란 불편한 것과 계속 만나는 것. 예측은 자주 빗나가기 마련입니다. 불편함은 싫음을 만들고 싫음은 피하고 싶어집니다. 우리는 불편함과 싫음을 외면함으로써 일시적으로 마음의 편안함을 얻지만, 깊은 평온함과 기쁨에서는 멀어집니다. 또 삶의 본질적인 가치에서도 멀어집니다. 불안은 자신이 불편함을 느끼고 있고 어떤 문제가 생겨났는데, 그것을 피하려고만 한다는 것을 우리에게 알려주는 신호입니다.

### 관계에서 의미로

우리는 자신에게 변하지 않는 고유한 실체가 있고, 확실하며 변하지 않는 존재로서의 무언가가 있다고 믿고 싶어 합니다. 부분적으로는 맞는 말이지만 진실은 그것과 상당한 차이가 있습니다. 깊이 살펴보면 우리는 누구와 어떤 상황에 있는가에 따라 자기의 생각과 느낌은 물론 때로는 심리적 정체성이 달라짐을 깨닫게 됩니다.

직업인으로써 일할 때와 사적으로, 특히 어린 시절의 친구를 만났을 때의 생각이나 행동에는 상당한 차이가 있을 것입니다. 또 사회적으로 큰일을 하는 사람이라도 어머니와 함께 있다면 전혀 다른 사람처럼 행동하겠지요. 집안에서와 집 밖에서 보이는 행동에 차이가 큰 사람들도 꽤 많습니다. 이는 인간이 근본적으로 관계적 실재임을 말합니다.


고정되고 변하지 않는 하나의 고유명사로서의 정체성이라는 기표는 사실 환상에 가깝습니다. 존재being는 순간적으로 그런 것처럼 느껴지는 찰나적 현상일 뿐이며, 실재하는 것은 관계relation입니다. 관계는 에너지의 흐름과 변화이므로 역동적 동사입니다. 관계는 그 자체로 하나가 아님을 의미합니다.

서로 다른 둘 이상이 있고 그것 사이의 관계에서 생성되는 다름과 차이는 그 자체로 에너지입니다. 다름과 차이는 다시 가치와 의미로 변환됩니다. 반드시 필요하지만, 내가 가지고 있지 않은 것이 가치의 시작입니다. 진화적으로는 먹이와 파트너가 가치의 대표적인 표상이지요. 이렇게 관계는 에너지가 되고 가치로 이어지며 진화합니다.

관계에서 다름과 차이로, 그리고 에너지와 가치로의 흐름을 가능하게 하는 에너지가 욕망입니다. 관계에서 느낌과 가치로의 흐름이 적절하게 일어날 때 우리는 하나의 이야기story를 느낍니다. 화자와 청자가 있고 기승전결이라는 시간의 흐름 속에서 정서적인 부분과 논리적인 부분이 적절하게 융합될 때, 즉 우뇌와 좌뇌가 통합될 때 생겨나는 좋은 이야기good story는 욕망이라는 에너지를 자연스럽게 고조시키는 가장 강력한 자극제입니다. 그래서 우리는 이야기를 사랑합니다.

마음에 깊은 병이 생긴 사람들은 인생이라는 여정에서 길이 끊긴 것처럼 이야기도 끊어진 상태에 놓여 있습니다. 그들은 모두 자신의 이야기를 잘 알지 못하며, 자신의 이야기를 어떻게 풀어가야 할지 막막하게 느낍니다. 그러므로 회복을 위해서는 무엇보다 자신의 이야기를 되살려야만 합니다.

인류는 픽션을 만드는 인간homo fictus이며, 이야기하는 동물story-telling animal입니다. 우리는 이야기를 만들어 내고 이야기를 전하며 또 다른 사람의 이야기를 듣고 싶어 합니다. 고대의 신화와 민담, 전래동화에서부터 소설, 영화, 스포츠, 만화, 애니메이션, SNS에 이르기까지 우리 주위에는 항상 이야기가 있었고 앞으로 도 그럴 것입니다.

누구나 나의 이야기, 나의 이름이 필요하고, 너의 이름을 궁금해 합니다. 마음을 움직이기 위해서는 진짜 욕망이 드러나고 표현되는 이야기narrative여야 합니다. 마음은 자신의 삶이 운명처럼 펼쳐지면서 그것을 이해하고 받아들이는 무대입니다.

마음은 묻습니다. 나의 이야기는 무엇이고, 너의 이름은 무엇인지.

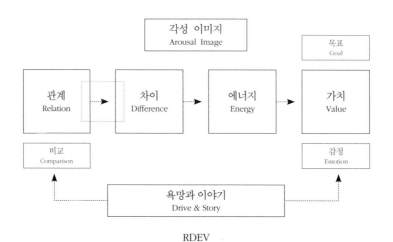

RDEV

## 4. 욕망하는 인간, 호모 디자이루스

　인간은 생각하는 인간이면서 동시에 욕망하는 인간, 호모 디자이루스homo desirus입니다. 앞서 설명했던 것처럼 우리는 생각하고 회의하는 인간에서 욕망하는 인간으로 이동해 왔습니다.

　욕망은 이미지이고 상상입니다. 욕망한다는 것은 상상한다는 것입니다. 뇌가 활성화되어 움직이기 시작할 때 가장 먼저 생겨나는 이미지는 정신의 기본적인 통화입니다. 이미지가 생겨나야 에너지가 증폭되고 다른 에너지로 변환됩니다.

　생겨난 이미지가 의식에 전달될 때 우리는 무언가를 느낀다고 표현합니다. 욕망한다는 것은 무엇인가를 바라고 원한다는 것이며, 동시에 그것은 현실이 아니라는 것을 의미합니다. 욕망할 때 우리의 마음은 항상 무언가를 상상하게 됩니다. 욕망과 상상은 현실이 아니라는 공통된 입장을 가집니다. 여기에서 욕망의 환상성이 등장하고 창조성이 시작됩니다.

## 두 가지 상상

우리는 무엇을 상상할까요? 여기에서 두 가지 차원의 상상이 있습니다.

첫 번째는 상상 그 자체입니다. 우리에게 어떻게 상상하는 능력이 생기게 되었을까요? 이것은 정말 미스터리입니다. 분명히 타고난 어떤 것이 있을 것입니다. 관계 속에서 신경세포 사이의 연결과 관계가 생겨나면서 신경계가 발달합니다. 여러 신경세포가 연합하며 동시에 활성화될 때 이미지가 만들어지고 상상할 수 있는 능력이 생겨납니다. 그러면서 우리는 원하고 상상합니다.

상상은 끝이 없습니다. 상상은 백일몽에서부터 귀신에 이르기까지, 수만 년 전의 과거에서부터 다가올 미래, 더 나아가 언제일지도 모르는 가상의 미래까지, 전자와 양성자의 움직임이라는 미시세계에서부터 거대하고 끝이 없는 광활한 우주에 이르기까지 엄청난 광역 주파수를 가진 에너지입니다. 아이가 성장하면서 상상의 세계는 점점 확장됩니다. 정신분석에서는 이러한 상상을 일차과정primary process이라고 부릅니다.

그런데 상상하지 못하는, 상상하는 것이 불편한 사람들이 있습니다. 상상이 부정적으로, 나쁜 느낌으로 연결된 사람들입니다. 상상과 현실 사이에 구분이 없어지고, 상상만이 의식의 대부분을 차지할 때는 정신병적 상태psychotic state에 빠져듭니다.

두 번째 상상은 언어와 기표를 통해 가공된 상상입니다. 말을 배우면서 언어의 영향을 받은 상상입니다. 언제부터인가 타인의 언어가 아이에게 전달되고 들어갑니다. 그래야 상상이 확장될 수 있고 현실화될 가능성이 커집니다. 애착 관계에서, 공감과 동일시의 과정에서 어머니의 말과 아버지의 언어가 아이와 만납니다. 발달하는 언어를 통해 정보는 점점 지식과 개념의 형태로 진화합니다.

상상이 언어로 번역되면서 세공되고, 언어를 통해 상상하면서 에너지는 순환합니다. 정신분석에서는 이러한 상상을 이차과정secondary process이라고 부릅니다. 개념적 욕망, 사회적 욕망은 모두 이러한 후성적 발달과정epigenetic construction을 거칩니다.

언어는 외부의, 특히 부모가 주는 언어 자극으로 학습되는 것은 분명합니다. 하지만 인간과 가장 가깝고 지능도 높은 종인 침팬지에게 언어를 가르친다고 인간과 같은 언어 능력이 생기지는 않습니다. 이것은 인간에게 내재된 언어 능력이 있음을 알려줍니다.

촘스키Noam Chomsk 같은 언어학자도 인간만이 언어 기관을 가지고 태어나며, 언어 기관을 가지고 태어나는 인간만이 언어를 습득할 수 있다고 주장했지요. 인간에게는 신경계에 언어를 배울 수 있는 어떤 생물학적 토대가 이미 존재하는데, 언어적 원형 혹은 집단 무의식적인 언어 코드가 언어 중추에 새겨져 유전적으로 전해 내려오고 있음을 뜻합니다.

욕망하는 인간은 상상하는 인간이며 한편으로는 비극적인 인간이기도 합니다. 왜냐하면 너무나 강렬히 욕망하지만 진짜 욕망이 무엇인지 알지 못하고, 또 자신이 원한다고 믿고 있는 욕망이 이루어지지도 않기 때문이지요. 그럼에도 우리는 항상 무엇인가를 원합니다.

작은 무언가에서 시작된 욕망은 구르는 눈덩이처럼 점점 커지고, 결국 현실화하려고 합니다. 에너지가 욕망보다 충동에 가까울 때 그 간절함과 절박함은 훨씬 강력합니다. 그러나 현실은 생각보다 거대한 벽이며 만족을 쉽게 허용하지 않습니다. 욕망이 현실과 충돌할 때 우리는 갈등을 느낀다고 표현하지요. 갈등의 많은 부분은 억압되기 십상입니다.

그러다가 다시 어떤 목표가 생깁니다. 꿩 대신 닭처럼 사실은 변형되고 왜곡된 목표인데, 이를 심리학에선 전치displacement되었다고 합니다. '신 포도 이야기'처럼 합리화rationalization로 처리할 수도 있습니다. 때로는 현실과 타협된 목표일 수도 있습니다. 그리고 노력하고 무언가를 이룹니다. 이루었다고 느끼면서 만족하고 감사한 마음이 생겨납니다. 그런데 한편으로는 어딘가 허무합니다. 이상하게 미안한 기분이 들 때도 있습니다. 그러다가 새로운 것이 나타납니다. 이렇게 욕망의 에너지는 순환됩니다.

사실 욕망과 욕망의 대상은 완전히 다릅니다. 우리의 자아와 의식은 욕망이 투영되고 투사된 대상만을 볼 수 있습니다. 욕망 자체와 욕망하는 주체가 완전히 일치하는 것도 아닙니다. 그래서 우리는 간절히 욕망하면서도 욕망을 알지 못합니다.


욕망하는가 아니면 부정하는가

호모 디자이루스는 크게 두 가지 방식으로 욕망을 표현합니다. 첫째는 욕망하는 인간, 표출하고 발산하려는 인간입니다. 얼핏 보면 욕망하려고 애쓰고 욕망의 대상을 향해 달려가려는 사람들입니다. 드러내는 욕망이 쉽게 보이므로 겉으로 보면 욕심쟁이처럼 보이는 사람들이지요. 임상적으로는 히스테리 인격hysteria, 자기애, 경계선 인격borderline personality, 갖가지 중독addiction 등이 여기에 속합니다.

　그런데 이들의 속마음은 그리 단순하지 않습니다. 사실 이들은 욕망하고 그것을 드러내야만 자신이 존재할 수 있다고 믿는 사람이며, 내면에서는 매우 강한 불안을 느끼는 사람들이지요. 겉으로는 욕망을 표현하고 발산하지만, 사실은 욕망이 사라지는 것이나 욕망하지 못함을 두려워해서 "나는 욕망이 있어요!"라고 발버둥치는 사람들입니다. 프로이트의 표현을 빌자면 내면이 거세된 인간이라고 할 수 있습니다.

　두 번째는 욕망을 부정하는 인간, 욕망을 철저히 통제하려는 인간입니다. 욕망을 느끼면서도 느껴서는 안 된다고 생각하고, 욕망을 죄와 같이 나쁜 에너지로 받아들이는 사람들이지요. 임상적으로는 강박증obsession, 피학증masochism, 수동성passivity, 일부 우울증depression이 여기에 해당합니다.

　이들은 욕망을 에너지로써 이해하지 못하고 욕망의 표상을 본질로 느끼므로, 욕망하는 것은 곧 사실이고 현실처럼 경험합니다. 사실 욕망은 결코 현실화될 수 없는데도, 욕망이 현실화되고 결국 파국으로 이어질 것이라고 믿는 사람들이지요. 그래서 욕망이라는 에너지를 무서워하고, 욕망하는 것은 인간답지 못한 것일뿐더러 죄를 짓는 것이라는 확고한 신념을 가지고 있습니다. 욕망을 무서워하는 사람들이지요. 당연히 부정하고 때로는 완전히 없애려고 합니다.

문제는 부정하면 할수록, 통제하면 할수록 자꾸 욕망이 강해지고 다루기 힘들어진다는 것입니다. 가까스로 욕망을 누르는 데 성공했다고 하더라도 대가는 참혹합니다. 자신의 삶과 관계도 모두 함께 눌러지고 황폐화되니까요. 엉뚱한 곳에서 욕망이 튀어나와 사고를 치고 낭패에 빠지는 일도 흔히 일어납니다.


욕망의 관점에서 보자면 히스테리와 강박이라는 양극단의 병리적인 상태가 있고, 그 사이의 어느 지점에 대부분 사람이 살고 있습니다. 양극단은 서로 통한다는 말처럼 히스테리 인격은 의외로 강박적 인격에게 끌리곤 합니다.

나는 어디쯤 있을까요? 나의 욕망과 나의 의식은 어느 지점에서 주로 움직이고 있을까요? 때로는 히스테리 모드로, 가끔은 강박적 모드로 살아가는 것은 아닐까요?

# 5. 욕망의 작동 방식과 원리

　욕망은 에너지이므로 에너지의 흐름이 있고 그것만의 작동 방식이 있습니다. 젖과 꿀이 흐르는 땅에서 살고 싶어 하는 인간의 내면에서는 의식하든 하지 못하든 욕망의 강이 도도히 흘러갑니다. 욕망이 어떻게 흐르며 또 어떻게 우리를 움직이는지 살펴보겠습니다.

## 욕망의 흐름

　욕망의 생성이 언제 어떻게 어떤 방식으로 시작되었는지 확실히 알기는 어렵습니다. 여전히 미지의 세계이지요. 하지만 분명한 것은 마음의 깊은 곳 어딘가에서 자동으로 생겨나는 에너지가 있고, 그것은 느낌과 이미지를 통해서 우리의 의식에 전달되고, 또 어딘가로 향하려는 지향성을 가진다는 것입니다.

에너지로서의 욕망은 물의 순환, 계절의 순환, 달의 변화처럼 흐름이 있고 순환합니다. 항상 변화한다는 의미입니다. 욕망을 지속하기 위해서는 에너지가 순환되면서 보강되고 충전되어야 합니다. 생성, 성장, 표현, 감쇄, 충전이 에너지 흐름의 순서입니다.

일반적인 마음은 적절한 환경이라면 흐름을 따라 자연스럽게 다음 순서로 넘어가게 됩니다. 반면 욕망을 누르려는 억압, 욕망과 대상 사이의 단절, 욕망을 표현했을 때 너무 강한 처벌을 받았던 경험, 실패나 좌절의 경험 등은 욕망의 에너지를 약화하고 자아를 무기력하게 만듭니다. 욕망 에너지의 흐름 전반부에 해당하는 생성과 성장은 비교적 자동으로 일어납니다. 대부분의 어려움은 표현, 감쇄 그리고 충전의 과정에서 생깁니다.

욕망은 휴식과 보상을 통해서 충전됩니다. 에너지를 발산하고 소모되었어도 적절한 휴식을 취하면 자연스럽게 자동으로 채워집니다. 감사한 생명 활동이지요. 하지만 적절한 보상도 필요합니다. 소중한 사람들로부터 혹은 스스로에게 얻는 인정과 칭찬 그리고 사회적 혹은 경제적 보상이 대표적인 것들이지요. 의미 있는 것과의 연결이 보상의 경험을 만들고 욕망의 에너지를 재충전합니다.

생물학적으로는 확실히 뇌의 아래쪽(대뇌 피질이 아니라 피질 아래쪽, 즉 피질하영역subcortical region)에서 욕망이라는 에너지가 생겨납니다. 아래에서 위로 올라가는 것이지요. 욕망의 발원지에서 일련의 뇌세포가 어느 정도 이상으로 흥분하면, 즉 마음에서 욕망이 작동하기 시작하면 그것은 실제로 느껴지면서 상당한 수준의 에너지를 만들어 냅니다. 그 에너지는 우리의 의식에 전달되면서 느낌과 이미지 그리고 생각으로 이어집니다.

'나는 원한다. 나는 기대한다. 무언가를 가지고 싶다. 무엇인가를 이루고 싶다. 즐거움을 느끼고 싶다. 사랑받고 싶다. 누군가에게 기대고 싶다. 누구를 미워하고 싶다' 등과 같이 실제로 느껴진다는 것은 양면성을 가집니다. 실제로 느껴지므로 신경계에서 에너지로서 어떠한 것을 작동시키고 행동으로 옮길 수 있게 만듭니다. 또 실제로 느껴지므로 부정적인 느낌이나 상상도 현실처럼 느껴져서 고통을 만들거나 자신을 옥죄는 에너지가 될 수도 있습니다. 욕망으로 생겨난 에너지는 사용 가능한 에너지가 되거나 혹은 자기를 괴롭게 하는 에너지가 됩니다.

욕망은 바람과 같습니다. 갑자기 찾아와서 거칠게 몰아치고 의식을 흔들다가, 잦아들면 언제 그랬냐는 듯 평온함이 찾아듭니다. 때로는 태풍이 되어 주위의 모든 것을 삼키고 파괴하기도 합니다.

특정 욕망이 강하게 활성화될 때, 특히 충동과 결합하였을 때 그 세계에 빠져들면 한 개인의 자아와 의식은 저항하기 쉽지 않습니다. 오죽했으면 실존주의라는 거대한 사고 체계를 만든 사르트르 Jean-Paul Sartre가 이렇게 말했을까요.

나는 청소년 시절 이후 감추고자 했던 하나의 진리를 인정해야만 했다. 나의 성욕은 항상 나의 의지를 넘어선 사실이 그것이다.[8]

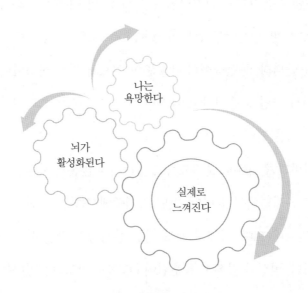

욕망의 3단계 톱니바퀴

---

8 『사르트르 평전』 베르나르 앙리 레비, 을유문화사, 2009, p48

## 욕망의 작동 원리

욕망이라는 복잡하고 강렬한 에너지의 몇 가지 작동 원리가 있습니다.

첫째, 기본적이고 자동적인 활동이 그것입니다. 마음과 의식은 자율적autonomy으로 움직입니다. 대표적인 것이 기본 모드 신경망DMN, default mode network의 활동입니다. 쉽게 말하자면 가만히 있을 때 움직이는 신경망입니다. DMN이 너무 번잡하고 부정적이거나, 반대로 너무 활동이 없는 것은 모두 정신에 좋지 않은 영향을 줍니다. 불안장애나 우울증이 있으면 기본 신경망이 너무 번잡해서 잡념이 넘쳐나고 과거의 부정적인 생각이 의지와 무관하게 의식을 점령합니다.

조현병의 초기에도 불필요하고 정리되지 않은 생각들이 중구난방으로 흘러넘치곤 합니다. 반면 자폐증에서는 기본 신경망의 활동이 별로 없으며, 치매일 때도 기본 신경망의 활동이 대부분 사라집니다. 명상과 같은 마음훈련이 DMN을 안정화시킨다는 것은 잘 알려져 있지요.

둘째, 우리의 의식은 자동적인 활동 중 일부만을 의식할 수 있습니다. 욕망의 상당 부분이 무의식적일 수밖에 없는 이유입니다. 나도 모르게 내 몸의 많은 부분이 상황에 따라 자동으로 움직이며 활동하고 있습니다. 호흡과 심박동부터 소화 기능, 신장 활동, 내분비 활동, 대사 활동이 의식과 무관하게 계속 일어나고 있습니다. 생각과 느낌도 많은 부분이 무의식에서 일어났다가 사라집니다.

이것에는 여러 이유가 있겠지만 에너지의 효율성이 가장 큰 이유일 것입니다. 그런데 호흡과 주의력에는 의식이 개입할 여지가 있습니다. 의지에 따라서 호흡을 어느 정도 조절할 수 있고, 주의력도 그렇습니다. 그래서 호흡과 주의력이 명상으로 마음과 뇌를 훈련할 때 주로 사용하는 통로가 됩니다.


셋째, 욕망이라는 에너지는 자극들로 활성화가 촉진되는데, 자극에는 안과 밖이 있습니다. 내면에서 일어나는 상상, 내부 장기에서 올라오는 신호와 외부에서 들어오는 감각 자극, 인격적 자극이 대표적인 것들입니다. 자극들은 기본 욕망을 증폭시킵니다. 배가 고플 때 맛있는 냄새를 맡으면 배고픔이 급격히 높아지는 현상이 그런 것이지요.

환경이나 자극을 모두 선택할 수는 없지만, 자신을 둘러싼 변수들을 세밀하게 살펴볼 필요가 있습니다. 환경의 변수들, 자극들의 종류를 잘 관찰하다 보면 자신에게도 생각보다 꽤 많은 선택권이 있음을 깨닫는 순간이 찾아옵니다.

넷째, 어떤 방향으로 활성화되면서 에너지가 작동하기 시작하면 한쪽으로 지나치게 기울어지는 것을 막기 위한, 즉 균형을 위한 반발력이 작용합니다. 바로 작용과 반작용이 작동하는 항상성 homeostasis입니다. 교감신경계와 부교감신경계가 견제하면서 균형을 이루는 자율신경계의 활동이 대표적인 현상입니다. 이것이 욕망의 영역에서 바라보면 대극성입니다.

욕망은 에너지를 발산하고 해소함으로써 만족을 추구합니다. 쾌락 추구pleasure-seeking라고 하지요. 쾌락 추구의 시작은 욕망의 표출입니다. 욕망이라는 에너지는 발설하고 배설하듯 밖으로 튀어 나가면서 만족되고 해소되기만을 원합니다. 마음과 뇌는 이것이 해소되는 순간의 쾌감을 좋아하고 그것을 반복하도록 구동되면서 진화했습니다.

뇌과학에서는 보상회로reward circuit라고 합니다. 아래쪽 뇌의 복측피개영역ventral tegmental area에서 시작해서 위쪽 전두엽 피질 영역을 돌아 순환하는 보상 회로의 작동에는 도파민dopamine

이라는 신경전달물질이 핵심 역할을 합니다. 현대에 사는 우리의 환경은 도파민 분비를 유도하는 각종 자극으로 가득 차 있습니다. 보상을 넘어서 중독이 될 위험성이 있는 것이지요.

그래서일까요? 욕망의 발산에는 항상 어떤 후폭풍이 있습니다. 표출되는 순간, 만족하려는 순간 반작용이 일어납니다. 작용과 반작용이라는 물리 법칙이 내면 세계에도 적용되는 것입니다. 흔히 나타나는 반작용은 심리적 처벌 혹은 처벌받을 것 같은 느낌입니다. 일종의 생존본능이지요. 욕망은 처벌이라는 불청객을 불러내고 그 기억들을 소환하므로 처벌은 욕망의 또 다른 얼굴이며 욕망의 뒷면입니다.

욕망은 처벌을 불러내면서도 처벌을 피하려고 정당성과 명분을 찾고자 합니다. 개인적인 정당성은 내면의 양심, 슈퍼에고와의 관계이며, 사회적인 정당성은 타인과의 관계입니다. 도덕률이지요. 인정과 평판, 법과 같은 사회적 기제들도 그런 역할을 합니다.

욕망이 정당성을 얻으려는 과정에서 방어기제와 뒤틀림이 생깁니다. 욕망하면 처벌이 따라오는 이유는 뇌과학의 관점에서도 상당한 근거를 가집니다. 그중 하나는 쾌락과 고통을 느끼는 뇌의 부위가 동일하다는 것입니다. 성性과 공격성을 관장하는 뇌 부위도 의외로 동일합니다.

욕망은 만족-처벌-정당성이라는 에너지의 삼각형을 만듭니다. 프로이트는 삼각형 각 꼭짓점에 이드-슈퍼에고-자아라는 이름을 붙였습니다. 욕망에 처벌이 따라오는 이유는 적절한 처벌, 즉 욕망에 브레이크가 걸리는 것이 생존에 유리했기 때문입니다. 욕망의 표출은 에너지를 분출하는 현상인데, 가끔은 공격성을 지나치게 방출하기도 합니다.

처벌은 욕망의 표출로 인한 에너지의 불균형을 조절해서 결과적으로는 장기적인 생존에 유리한 상황을 만듭니다. 개인마다 만족하는 종류가 다르고, 의미 있는 처벌의 종류도 다르며, 정당화하는 방식도 차이를 보입니다. 그것이 인격 구조의 차이입니다. 처벌은 욕망, 특히 충동적 욕망으로부터 자신을 보호하기 위한 기제인데, 그것이 너무 과해서 자기 보호가 아니라 파괴로 작동할 때가 있습니다. 강박증, 피학증이 대표적인 경우이지요.


정당성은 자아가 감시자인 슈퍼에고의 허락을 얻기 위한 결재 서류 같은 것입니다. 정당성 혹은 명분은 처벌이라는 강력한 무기를 가진 슈퍼에고에 맞설 자아의 방어 수단입니다. 도덕과 양심은 대표적인 개인적 정당성이며, 타인과 그들의 시선, 정의, 역사 등은 대표적인 사회적 명분이고 정당성입니다. 자아의 능력이나 성숙도에 따라 얻고자 하는 정당성이 달라지겠지요.

정당성이 제대로 작동하려면 그것에 대한 믿음을 요구합니다. 내면에 대한 믿음이지요. 그런데 죄책감은 그 믿음을 제한합니다. 무의식에 있는 죄책감은 자신도 모르게 자기를 고통스러운 상황으로 몰고 갑니다. 자꾸 안 좋은 일이 생기고, 처벌을 받아야 하는 일이 만들어집니다.

적절한 정당성을 얻기 위해서는, 즉 믿음을 가지기 위해서는 의미 있고 중요한 대상이 자신의 욕망을 좋은 에너지로 바라봐 주는 경험이 필요합니다. 우리는 우리를 있는 그대로 바라봐 줄 의미 있는 대상의 따뜻한 시선이 필요합니다. 바로 '사랑'입니다. 건강하고 적절한 사랑을 받은 경험은 자신의 욕망에 대해 긍정적인 태도를 가지게 합니다. 그런데 궁극적으로 개인의 욕망을 사회가 어디까지 개입하고 통제해도 되는 걸까요? 개인의 욕망은 어디까지 용인될 수 있을까요?


욕망은 항상 밖으로 향하면서 자신의 에너지를 현실화하려고 합니다. 물론 앞서 언급한 여러 이유로 불가능하지만, 그래도 최대한 현실과 가까워지려고 합니다. 욕망의 이러한 성질은 일시적인 오해에서 착각에 이르기까지 일상의 많은 일을 만들어 냅니다. 젊은 세대가 많이 사용하는 '정신 승리'라는 표현도 비슷한 현상이지요. 조율되지 못한 거친 욕망은 때때로 망상으로 변화하여 여러 정신 질환을 발병시키기도 합니다.

일체유심조一切唯心造라는 깨달음의 시작이 되었던 원효대사의 해골 물 사건, 상상 임신 같은 현상은 개인의 감정과 욕망이 얼마나 현실에서 많은 일을 만들어 낼 수 있는지를 보여줍니다. 또 이런 일도 있었다고 합니다. 영국의 어떤 공사장에서 일하던 남성이 바닥에 박혀있던 못을 밟아 15센티 정도 안전화를 뚫고 나오는 사고를 당합니다. 그 남성은 당연히 엄청난 고통을 겪으면서 정신을 잃다시피 한 채로 응급실에 실려 갑니다. 그런데 놀라운 사실이 드러납니다. 엑스레이를 찍었더니 못은 발가락 사이를 그냥 통과하였고, 실상 크게 다치지 않았던 것입니다.

각자의 삶을 잘 살펴보면 상상과 감정에 따른 크고 작은 오해가 자주 있었음을 발견하기가 그리 어렵지는 않을 것입니다.


얼마 전 오랫동안 진료해 온 20대 후반의 여성이 건강검진을 받았는데, 뇌 위쪽 부위에 작은 덩어리가 발견되어 자기공명영상 MRI까지 찍었습니다. 뇌종양일지도 모른다는 생각이 들었고 인터넷으로 정보를 찾아보면서 생각은 믿음으로 점점 강해졌습니다. 그로 인해 걱정과 공포가 밀려들기 시작했고 건강 상태도 악화되었습니다. 그녀의 머릿속은 죽음에 관한 생각으로 요동쳤습니다. 얼마 후 불안에 떨면서 대학병원에서 진료를 받았는데, 의사는 그냥 뇌에 있을 수 있는 어떤 흔적일 뿐이며 신경 쓸 필요 없다는 진단을 내립니다. 그런데도 불안이 가시지 않은 그녀는 수술로 제거해야 하는 것 아니냐며 여러 번 되묻고 확인했다고 합니다. 급기야 의사는 자신이 책임을 지겠다면서 안심시켰다고 합니다.

진료 후 일주일 이상의 시간이 지나고서야 겨우 마음이 안정되면서 자신에게 별일이 없다는 사실을 받아들일 수 있었다고 합니다. 필자에게 찾아와서 의견을 묻고 최종적으로 확인하고 싶다고 했습니다. 그녀는 "약간의 여지도 없었으면 해서 수술하려고 했어요."라고 말했습니다. 공백과 결여를 자극받고 싶지 않다는 고백입니다. 이해하기 힘든 불확실성이 얼마나 큰 에너지가 될 수 있는지 보여주는 사례입니다. 다행히 필자와는 충분한 신뢰 관계가 있어서 결론을 내리는 데 어려움은 없었습니다. 마음은 이렇게 지옥을 만들기도 하고, 그곳에서 탈출하게 만들기도 합니다.

욕망은 극적인 회복을 위한 에너지가 되기도 합니다. 커다란 사고를 당해 돌이킬 수 없는 상태에 놓였다가 회복되는 사례가 그런 것이지요. 일반화하기엔 사례가 많지 않지만 생각해 볼 만한 이야기들이 꽤 있습니다.

조 디스펜자라는 남성은 23살 때 사이클을 타다가 승용차와 크게 부딪히면서 척추 6군데에 복합골절을 당합니다. 그는 수술 치료를 권하는 의사들의 의견을 무시하고 뇌와 몸의 자연 치유력에 모든 것을 걸게 됩니다. 결국 수술 없이 12주 만에 다시 걷게 되었고, 뇌 연구를 통해 몸과 마음을 다스리는 열쇠가 뇌에 있다는 사실을 깨달았다고 합니다.[9]

'꿈은 이루어진다!' dreams come true는 말이 있습니다. 정말 간절히 원하면 그 일이 일어난다는 것이지요. 많은 사람이 믿고 있고 또 믿고 싶어 하는 말이고 실제로 꽤 그렇기도 합니다. 그런데 너무 간절한 욕망은 오히려 이루어지지 않을 가능성이 크기도 합니다. 왜 그럴까요?

원래 욕망은 환상이므로 불가능, 비현실을 욕망합니다. 특히 히스테리적 욕망은 더욱 그렇습니다. 히스테리적 욕망은 환상 자체

---

9 『꿈을 이룬 사람들의 뇌』 조 디스펜자, 한언, 2009

를 욕망하기 때문입니다. 환상은 이루어지지 않고 그냥 남을 수밖에 없습니다. 그래서 남는 에너지가 신체로 나오면서 여러 종류의 신체화somatization 증상(정신적 스트레스가 신체적 증상으로 나타나는 현상으로, 환자가 느끼는 증상은 신체적 원인으로 인한 증상과 동일함)이 나타나는 것이지요.

간절한 욕망이 이루어지지 않는 또 다른 이유는 죄책감입니다. 너무 강한 욕망은 죄책감을 자극할 수도 있는데, 그렇게 되면 자기도 모르게 강력한 억압이 작동합니다. 그래서 욕망이 이루어지지 않는 방향으로 움직이곤 하지요.

욕망이 현실이 되지 않는 또 다른 이유는 욕망을 욕망하기 때문입니다. 영원한 욕망을 꿈꾸기 때문입니다. 애초에 불가능한 욕망을 욕망하기 때문입니다. 욕망하는 데 모든 에너지를 소진하기 때문일지도 모릅니다. 하지만 본질적인 욕망은 그 자체가 환상이므로 현실화되지 않습니다. 추상적인 가치들도 그런 궤적을 따릅니다. 사랑, 우정, 명예, 건강, 도덕, 완벽함 등이 그런 가치들이지요. 욕망은 개인의 운명이지만, 현실과 대립할 수밖에 없는 것이 욕망의 운명입니다. 그런데도 우리의 의식은 불가능을 향하여 달려갑니다.

욕망의 완전한 만족은 불가능하지만 그럼에도 다가가기 위해서는 자신의 욕망을 최대한 선명하게 알아야 합니다. 그리고 내면에서 욕망과 또 다른 욕망 사이의 갈등 혹은 욕망과 브레이크 사이의 분열이 최소화되어야 합니다. 그렇게 통합적인 욕망일 때에 노력이라는 에너지가 제대로 작동되고 욕망과 현실의 거리가 줄어듭니다.

### 욕망의 방향을 결정짓는 또 다른 요인들

욕망은 필요한 에너지로써 삶을 풍요롭게 할 수도 있고, 불만과 고통의 원천으로 혹은 파괴의 결과를 만듦으로써 삶을 망가뜨리기도 합니다. 앞서 설명했던 외에 또 어떤 요인들에 의해 그 방향이 정해질까요? 다양한 요인들이 있겠지만 다음 4가지를 말하고자 합니다.

첫째, KNOWING. 욕망을 제대로 알고 있는가? 욕망의 본질에 대해 얼마나 이해하는가? 욕망을 어느 정도로 억압하는가? 자신이 억압하고 있음을 느끼는가? 욕망이 가진 무의식성과 불확실성으로 앎에는 한계가 있을 수밖에 없지만 자아가 건강할수록 앎과 이해의 정도가 깊어질 것입니다.

둘째, FRANKNESS. 욕망에 대해 얼마나 솔직한가? 욕망의 왜곡이 있는가? 어느 정도 욕망을 인지하더라도 얼마나 있는 그대로 다가갈 수 있는가의 문제입니다. 욕망의 표현 방식에 대한 질문인데, 사실은 슈퍼에고와 자아 사이의 문제이고 관계입니다. 자신의 내면에 대한 이해가 필요한 부분이지요.

셋째, ABILITY. 욕망을 적절하게 현실화할 능력이 있는가? 얼마나 성실하게 노력해 왔는가? 시간의 개념을 이해하고 수용하는가? 자아의 태도입니다.

넷째, OTHERS. 나의 욕망이 타인의 욕망과 부딪힐 때는 어떻게 해결하는가? 외부와의 관계이며 도덕의 문제입니다. 조금 더 깊이 들여다보면 나와 타자, 나와 사회와의 관계입니다. 욕망이 있기에 우리는 정당성을 고민하고 타인들과의 관계를 돌아봅니다. 욕망 덕분에 도덕이 생겨나고 쾌락이 윤리를 만들어 내는 것이지요.


당신은 무엇을 욕망합니까? 이 질문은 이렇게 묻고 있습니다. 당신은 진짜 어떤 사람입니까? 당신의 내면에서 살아 움직이는 진짜 에너지는 무엇입니까? 그리고 이 질문은 이렇게 다시 묻습니다. 당신의 운명은 무엇일까요? 당신은 자신의 운명을 이해하고 받아들이나요? 기꺼이 당신의 운명에 자신을 맡길 수 있나요?

# 6. 욕망의 범주와 종류

이쯤 해서 욕망의 내용을 현상적으로 범주화해 보는 것이 좋겠습니다. 우리는 흔히 3가지 기본 욕망이 있다고 말합니다. 신체적, 생리적 욕망이 있고 정신적인 욕망도 있습니다. 정신적인 욕망은 개인에 따라 꽤 차이를 보입니다. 남성과 여성의 관심사도 조금씩 달라서 성별에 따른 차이도 있을 것입니다. 지금부터는 욕망의 범주와 종류들에 대해 살펴보겠습니다.

## 인간의 3대 욕망

식욕, 성욕, 수면욕을 소위 3대 욕망이라고 합니다. 3가지 모두 원초적이며 생리적으로 반드시 필요한 욕망이므로 본능적인 욕망이라 하는데, 그 결은 조금씩 다릅니다. 식욕과 수면욕은 생존에 필수적이라는 공통점이 있습니다. 성욕과 식욕은 즐거움과 쾌락을 유도합니다. 그래서 죄책감과도 쉽게 이어집니다.

어떤 상황이나 자극으로 인해 식욕과 성욕이 휘몰아치면 자아가 감당하기 어려울 때가 많습니다. 특히 만족의 경험이 없었던 사람들은 더욱 그런 경향을 보입니다. 뭔가가 많아진 현대 사회에서 식욕과 수면욕의 양적인 해결은 어렵지 않으며, 오히려 과한 것이 문제가 되곤 합니다.

함께 식사하는 경우도 많지만, 식욕은 혼자도 해소가 가능합니다. 성욕은 생존 자체에 영향을 주지는 않지만, 삶의 질에는 큰 영향을 주며 유전자의 전달이라는 생명체의 또 다른 목표를 위해선 필수적인 에너지입니다. 성욕의 강도는 개인차가 크고, 성장 과정이나 가치관에 따라 그 표현 방식도 다양합니다. 다른 두 욕망보다는 함께할 파트너를 필요로 한다는 면에서는 큰 차이가 있습니다. 물론 밥도 함께 먹으면 더 맛있고, 성욕은 스스로 위로할 방법도 있습니다만.


잠이 보약이라는 말처럼 수면은 에너지의 보충, 특히 뇌의 기능을 유지하기 위해선 반드시 필요한 생리 활동입니다. 장기간의 수면 박탈sleep deprivation은 낮 동안의 졸음을 유발하고, 기억력이나 집중력과 같은 인지 능력을 떨어뜨리며, 내분비 조절 능력을 교란시키거나, 면역 기능을 떨어뜨리며, 혈압을 상승시킬 수도 있다는 사실들이 알려져 있습니다.

피곤할 때, 쉬고 싶을 때, 뭔가를 잊고 싶을 때 우리는 자려고 합니다. 충분히 잠을 자지 못했을 때 주관적으로 경험되는 몸과 마음의 변화는 수면의 중요성을 느끼게 하고 학습시킵니다. 그러다 보면 잠을 잘 자야만 한다는 느낌이 생겨나지요. 강박적인 욕구인데, 목표나 성취에 대한 욕망이나 불안이 강한 사람일수록 그 경향은 심해집니다.

하지만 잠을 자려는 마음이 너무 강할수록 그 에너지는 긴장과 각성을 초래해서 오히려 잠을 달아나게 합니다. 수면욕은 무언가를 가지려고 하면 반대로 잃어버리는 결과가 생긴다는 욕망의 역설을 가장 잘 알려줍니다.

불면증, 특히 만성 불면증으로 고생하는 사람은 어떤 계기로 잠을 자야만 한다는 강박관념을 가진 경우가 흔히 있습니다. 잘 자야만 다음날 시험을 잘 치고, 잘 자야만 다음날 컨디션이 좋다고 여기고, 자신이 정한 목표를 위해서는 반드시 잘 자야만 한다는 생각의 씨앗이 언젠가부터 자리를 잡습니다. 내적인 압력이 작동하는 것입니다.

그런데 이 과정은 대부분 무의식적으로 일어나서 잘 인지하지 못합니다. 잘 자야만 한다는 강박관념은 의식의 건너편에서 점점 응축되면서 그 힘을 키워갑니다. 알게 모르게 각성이 되고, 잠이 잘 오지 않고, 다음날 원하는 결과가 나오지 않고, 그러면서 불면에 대한 불안을 먹이 삼아 강박관념은 점점 비대해집니다. 이러한 과정이 대부분의 만성 불면증 환자들의 병력에 숨어 있습니다.

식욕, 성욕, 수면욕은 우리가 쉽게 경험하고 이해할 수 있는 욕망이지만, 욕망의 본질은 아닙니다. 그것들은 욕망의 에너지가 상황에 따라 원하는 행위, 대상, 기표입니다. 중요한 것은 식욕, 성욕, 수면욕 아래에 있는 에너지인데, 구체적으로 느껴지는 그것들로 인해 우리는 욕망의 본질을 엿볼 수 있습니다.

식욕, 성욕, 수면욕은 자연스럽고 적절해야 합니다. 너무 많이 먹거나 적게 먹으면 건강에 문제가 생깁니다. 균형 있게 먹는 것도 중요하지요. 중국 속담에 뱃속의 8할만 채우면 의사가 필요 없다는 말이 있습니다. 중년 이후에는 다소 적게 먹는 것이 훨씬 좋다고도 하지요. 수면도 마찬가지입니다. 모두 각자만의 수면 시간이 있지만, 너무 적게 자거나 많이 자는 사람들은 평균 수명이 짧다는 연구 보고가 상당히 많습니다. 성욕도 그렇습니다.

이밖에도 많은 욕망이 있습니다. 성취욕, 승부욕, 물질욕, 명예욕, 권력욕, 애정욕, 관계욕 등이 자주 볼 수 있는 욕망들인데, 대부분이 욕망 자체보다는 욕망이 무엇을 향하는가에 따라 부르는 기표들입니다. 그래서 성취나 물질, 성공과 지위, 명예나 권력, 나아가 애정이 원하는 의미들은 개인에 따라 꽤 큰 차이를 보입니다.

## 정신적 욕망 3가지

심리학에서는 인간이 가진 정신적 욕망 중 기본적이며 중요한 것을 자율성, 인정 욕구, 성취욕으로 봅니다. 의식의 근본적인 3가지 특성인 자율성, 주관성, 지향성이 욕망으로 표출된 것이지요.

첫 번째로 자율성autonomy은 다른 사람이 아닌 스스로가 무언가를 결정하고 선택하고 싶어 하는 욕망입니다. 자율성은 내가 나를, 그리고 나의 삶을 통제할 수 있다는 믿음입니다. 자율성은 의식의 본질이면서도 그것이 어디서 어떻게 시작되는지는 여전히 미지의 영역입니다.

자율성은 자동성과 창조성으로 이어지는데, 이는 무의식과 깊은 관계가 있습니다. 자율적인 에너지가 의식에 낯설게 다가올 때 불안이 생겨납니다. 나의 자율성을 누군가 침해하고 통제하려고 할 때 반발심과 적개심이 생깁니다.

두 번째는 인정에 대한 욕구appreciation입니다. 인정은 타인과
좋은 에너지로 연결됨을 의미합니다. 마음과 뇌는 신경세포가 연
결될 때 에너지가 생겨나고 기분이 좋아집니다. 신경세포의 연결
은 외부 대상과의 연결과 함께 일어납니다. 좋아하는 대상을 찾고
친밀함을 얻으려는 욕망, 인정받고 사랑받고 싶은 욕망은 연결의
욕망입니다.

연결성은 관계를 향한 욕망이기도 합니다. 인정에 대한 욕구는
자아의 가장 큰 욕구이며, 그 아래에는 주관성이 있습니다. 그래서
인정 욕구를 본질적으로 만족하기 위해서는 객관성이라는 과제를
풀어야 합니다.

세 번째는 성취욕achievement입니다. 성취욕은 의식의 지향성과
목적성에 따른 것입니다. 무언가를 성취한다는 것은 보상 회로를
활성화시켜 에너지를 만들고, 자기 존중감과 효능감을 높여서 우
리의 기분을 좋게 합니다.

성취의 본질은 자아의 경계를 확장하는 경험입니다. 처음에는
눈에 보이는 성취일 수밖에 없지만 결국은 존재에서 관계로의 확

장, 의식에서 무의식으로의 확장, 자아에서 자기로의 확장으로 나아가야 하겠지요. 성취는 의미와 가치로 이어질 것입니다.

### 무의식적 욕망과 원형적 욕망

욕망의 본질은 무의식이라고 했습니다. 무의식을 탐색하다 보면 조금 더 본질적인 욕망을 만나게 되는데, 에로스와 로고스입니다. 에로스하면 에로틱이라는 기표와 함께 성애적인 느낌이 먼저 떠오릅니다. 물론 에로스에는 그런 에너지가 있습니다. 본능적인 색욕, 식탐 같은 것이지요. 그래서 에로스는 비밀과 뒷담과도 연결됩니다.

하지만 에로스의 본질은 즐거움과 현실이며 나아가 관계입니다. 에로스가 진화하면 지혜sapientia가 됩니다. 에로스가 부족한 사람들은 관계를 잘 맺지 못합니다. 정치, 경제, 정의, 사회현상, 사업과 같은 거대 담론은 잘 다룰지 몰라도 일상의 소소한 이야기, 정서적인 소통에는 무심하거나 잘하지 못하지요. 이성을 만나더라도 관계보다는 감각적 느낌의 배출에만 관심을 가지므로 상대방과 깊이 사귀지 못하고 쉽게 싫증을 내곤 합니다. 있는 그대로 느끼고 즐기려는 에너지가 에로스입니다.

반면 로고스는 현상을 이해하려는 에너지입니다. 에로스가 작동할 때 왜 그런 것인지 묻고 확인하려고 합니다. 자연스럽게 로고스는 에로스를 견제하고 내면의 균형을 맞추는 역할을 합니다. 로고스는 그 특유의 에너지로 의식에 영향을 주고 자신의 방향으로 의식을 이끕니다.

로고스의 본질은 논리와 의미이며, 나아가 통찰insight과 이상 ideal이고 목적과 성취입니다. 그래서 로고스는 관념적이기 쉽습니다. 허구와 위선의 위험성이 있습니다. 또 로고스는 의미와 논리를 통해 반드시 지배하려고 합니다. 힘과 권력으로 이어지지요.

내면의 본질적인 욕망인 에로스와 로고스는 사실 내면 아주 깊은 곳에 살고 있습니다. 그래서 원형입니다. 에로스는 아니마와 이어져 있고, 로고스는 아니무스와 이어집니다. 에로스와 로고스는 원형적인 에너지이며, 아니마와 아니무스는 원형의 인격입니다. 칼 융은 에로스는 심적 관계로, 로고스는 객관적 관심과 이성으로 표현할 수 있다고 하며 다음과 같이 말했습니다.

사랑이 지배하는 곳에는 권력의지가 없고, 권력이 우선하는 곳에는 사랑이 없다. 그 하나는 다른 것의 그림자다.[10]

---

10 『사랑에 대하여』 마리안느 쉬스, 솔, 2007, p13

융의 말은 에로스와 로고스가 대립하는 속성을 가질 뿐 아니라 대극적인 보상 작용을 한다는 걸 잘 보여줍니다. 진짜 욕망은 에로스, 아니마 그리고 로고스, 아니무스에서 나옵니다. 우리는 무의식의 심연에서 나온 그것이 어떤 대상으로 향하고, 그 과정에서 변형되면서 의식에 전달된 이차적인 에너지를 느낄 뿐입니다. 진짜 욕망은 무의식에 있는 것이지요.

리비도는 생산, 쾌락을 만들어 내는 에너지이며 성 충동이라고 합니다. 타나토스thanatos는 죽음, 파괴로 귀결시키는 에너지이며 죽음 충동이라고 합니다. 둘 다 원형의 에너지이며 강한 충동성을 가지고 있어서, 의식은 리비도와 타나토스를 이길 수 없습니다.

그렇다면 리비도와 타나토스 중에서 무엇이 더 강할까요? 얼핏 보면 리비도가 가장 중요하고 강할 것처럼 느껴지지만 사실 죽음 충동이 더 강하고 더 중요합니다. 죽음을 이기는 것이 있을까요? 죽지 않아야, 죽지 않는다는 믿음이 있어야 즐거움이 나타날 수 있는 토대가 마련됩니다. 무대가 있어야 공연할 수 있는 것과 비슷하겠지요.

## 남성적 욕망과 여성적 욕망

무의식의 욕망에 대해 조금 더 쉽게 다가가자면, 남성적 욕망과 여성적 욕망으로 나눌 수 있습니다. 남성과 여성이라는 생물학적 성을 말하는 것이 아니라 인격적인 특성을 뜻합니다.

에로스가 본질인 여성 인격은 관계, 특히 좋은 관계를 원합니다. 그래서 여성적 욕망은 관심과 관계에 집중하는데, 성숙할수록 지혜로 향합니다. 로고스가 본질인 남성 인격은 관계보다는 이상의 추동과 지배, 권력을 원합니다. 힘과 권력이며 이성이고 이상이기도 합니다. 완벽하려고 하고, 숨기려고 합니다.

여성적 욕망이 극대화되는 한 방식이 히스테리적 욕망입니다. 생명과 감정을 극대화하고, 최대한 욕망을 드러내고 표현하려고 합니다. 그래서 그들은 모든 것에 생명력을 부여하려고 합니다. 마음의 한 극단이지요.

반면 남성적 욕망이 극대화될 때는 강박적 욕망으로 표출됩니다. 욕망을 최대한 통제하고, 나아가 없애려고 하지요. 그들은 모든 것을 죽이려고 합니다. 욕망의 통제를 통해 현실과의 간극을 없애려는, 완벽하고자 하는 마음의 또 다른 극단입니다.

최근의 경향은 자기애적 욕망이 강해지는 현상입니다. 자기애의 또 다른 얼굴은 유아성이므로 남성적 자기애는 어리고 젊은 남성의 에너지로, 여성적 자기애는 어린 소녀나 젊은 여성의 에너지에 머무르려고 합니다. 나이가 들어도 성장하지 못한 자기애는 결국 불안과 우울의 세계로 안내하는 이정표가 되고 맙니다.

어린 시절일수록 욕망은 조각나 있고 파편적입니다. 욕망이 충동으로 나타나기 쉽다는 의미입니다. 정신성적 발달psychosexual development에서 구강기oral, 항문기anal, 음경기phallic, 잠재기latency 등으로 발달 시기를 분류하는 것이 대표적인 예입니다. 부분적으로 조각나 있으므로 전체적인 조망을 어렵게 하지만, 한편으로는 그래야 다루기가 쉽고 발달에 효율성이 생긴다는 장점이 있습니다.

그러나 때가 되면 부분적 욕망은 전체로 진화해야 합니다. 시각, 청각, 구강, 항문, 성기는 모두 감각적 욕망의 통로들입니다. 어머니의 젖꼭지와 이어지는 구강은 모성을 향한 욕망을 상징하며, 훈육과 통제와 이어지는 항문은 부성 욕망을 상징합니다.

그렇다면 욕망과 충동의 해소에는 어떤 감각을 주로 사용할까요? 어떤 감정과 느낌으로 만족을 얻을까요? 충동의 표출 과정에서 어떤 피드백과 보상을 경험할까요? 여러 이유로 특정 감각 통로가 의식에서 지배적인 역할을 차지할 수 있습니다.

엄밀하게 말하자면 욕망 자체가 파편화되어 있는 것은 아닙니다. 욕망은 욕망일 뿐인데 욕망을 대하고 느끼는 의식이, 즉 자아가 통합되어 있지 않기 때문에 욕망이 파편화되어 있는 것으로 경험될 수밖에 없습니다. 의식의 시야가 좁고 얕기 때문입니다.

아이가 성장하면서 애착과 공감보다는 부모의 통제와 훈육, 즉 가혹한 지배를 받아왔다면 아이는 주체의 생존에 충분히 위협을 느낄 수 있습니다. 어려서는 잘 드러나지 않다가 사춘기, 청소년기가 되어서 자신의 존재감이 사라질 것 같은 두려움이 극대화되기도 합니다. 욕망을 실현하고자 하는 현실의 무게가 너무 크게 느껴질 때 생존과 자기방어를 위해서 남성적 욕망, 즉 강박적 욕망이 두드러져 강박증이 발병할 수 있는 것입니다.


시선과 욕망

욕망은 그것이 들어오고 나가는 통로를 통해 자신의 일부를 우리의 의식에 전달합니다. 욕망의 감각적 부분이지요. 감각적 욕망은 크게 시각적, 청각적, 구강적, 항문적, 생식기적 욕망 등으로 나눌 수 있습니다. 엄밀하게 말하자면 욕망이라기보다는 충동이지요. 그중에서도 특히 시각적 욕망, 시각 충동, 시관 충동(라캉이 주창한 용어로 시선과 응시를 향한 무의식적 충동에너지. 타자를 보려는 충동과 타자의 시선에 노출되려는 충동이 있음)에 대해서는 깊이 생각해 볼 필요가 있습니다.

시선 공포, 대인 공포, 사회 공포, 관계 사고(주위에서 생기는 일들이 자신과 관계가 있다고 믿는 사고장애의 한 종류), 시선 강박(시야에 뭔가가 들어오는 것을 과하게 의식하면서 강박적으로 떨쳐내려는 신경증의 일종) 등 많은 정신병리 현상이 시각이라는 감각과 연관되어 있습니다.

본다는 것은 과연 무엇일까요? 본다는 것은 대상을 고정하는 행위입니다. 무엇인가를 바라볼 때 우리는 비로소 한 존재가 되는 느낌을 경험합니다. '보는 것이 믿는 것'이라는 유명한 말이 있습니다. 보는 것이 그의 세상입니다. 안전과 생존을 위해서는 보고 움직여야 합니다. 먹잇감을 찾아야 하는 동물에게 시각과 이미지는 본질적인 에너지일 수밖에 없었을 것입니다.

그런데 본다는 것은 절대적으로 빛의 에너지에 의존합니다. 빛은 생명입니다. 태양이라는 빛의 에너지가 일정하게 비추어서 생명 활동이 일어나고 유지되기 때문입니다. 고대의 태양신 숭배와 성경 창세기 1장에 나오는 '빛이 있으라!' Let there be light!는 구절은 그래서 의미가 있습니다.

식물은 빛으로 자양분을 만들어 냅니다. 빛이 화학적 에너지로 변화하는 것이지요. 반면 동물, 특히 인간은 빛을 통해 보면서 시각적 이미지라는 에너지를 만들어 냅니다. 빛의 광자photon가 물질에 부딪히며 생겨난 빛의 파장과 에너지가 눈의 망막과 시신경을 자극하여 이미지가 만들어지고, 후두엽의 시각중추에서 그것이 구성되며 이미지가 됩니다. 그리고 전두엽을 위시한 다른 뇌 영역에 저장되어 있는 기존정보와 연결되면서 그 이미지는 이차적으로 변형되고 강화됩니다.

아인슈타인Albert Einstein과 같은 많은 물리학자에 의해 빛의 성질이 많이 알려졌습니다. 우주에서 빛보다 빠른 물질은 아직 발견된 바 없으며, 빛의 속도는 언제나 어디서나 항상 일정합니다. 절대적이면서 가장 객관적인 에너지라는 의미입니다.

빛이라는 객관적인 에너지가 주관적인 눈과 뇌에 전달되면서 이미지라는 강력한 에너지가 만들어집니다. 객관적인 에너지와 주관적인 마음이 관계를 맺는 것이 보는 행위입니다. 본다는 것은 예측한다는 것이며 욕망하는 것입니다. 빛에 의해 마음과 뇌 안에서 생겨나는 이미지와 형상이 개념과 언어로 변환되고 그것이 의식적인 에너지로 지각됩니다. 이미지와 느낌이라는 정신의 기본적인 통화량이 그렇게 생성되고 축적됩니다.

시각, 청각, 구강, 항문 등의 충동 에너지 중에서 시각 충동이 가장 공격적인 경향을 보입니다. 시선과 시각은 능동적이어서 존재를 위협합니다. 그래서 대인 공포, 시선 공포와 같은 증상이 흔히 나타납니다.

외부적인 시선뿐만 아니라 내면 세계에서 느껴지는 시선도 만만치 않습니다. 슈퍼에고는 그만의 강력한 시선으로 우리들의 자아를 통제하고 공격하기도 합니다. 그래서 우리에게는 사랑의 눈으로 바라봐야 하는 과제가 주어졌을지도 모릅니다.

몇 년 전 아들러Alfred Adler 심리학에 기반한 『미움 받을 용기』라는 책이 많은 사람의 관심을 받았습니다. 그만큼 우리가 타인의 시선이 강력하게 작동하는 환경에서 살고 있음을 말해주는 현상이겠지요. 미움 받을 용기는 실수할 수 있는 자유, 욕망을 표현할 수 있는 용기가 아닐까요?

우리를 움직이는 가장 강력한 에너지는 충동과 욕망이며, 그중에서도 바라보기와 응시는 가장 본질적이며 그 자체로 강력한 에너지이다. 시선과 응시는 보는 자와 보는 대상 사이에 연결을 만들고 에너지의 흐름을 생성한다. 생존과 안전을 위해서, 욕망과 쾌락을 위해서 우리는 무엇인가를 바라봐야 한다. 인간이 처리하는 감각정보의 80% 정도를 시각이 차지하고 있으며, 뇌신경

12쌍 중 5쌍이 시력과 안구운동을 조절하는 기능을 한다는 것도 보는 것이 얼마나 중요한지를 알려준다. 의식하든 아니든 우리는 항상 무엇인가를 보는 존재이다. 우리는 보면서 동시에 응시의 대상이 된다. 그래서 만족하고 그래서 불안하다.

그런데 바라보기와 응시는 관점의 지배를 받는다. 어디에서 어떻게 보는가에 따라 전혀 다른 것이 보이기 때문이다. 관점은 신경세포를 발화시키는 주의력과 관심이라는 에너지가 흘러가는 방향성이다. 특정한 관점은 자아를 그 속에 가두는 힘이 있는데, 관점의 많은 부분은 무의식적이다. 의식과 무관하게 주의력은 어디론가를 향해 먼저 움직이며, 우리는 무의식이 원하는 것을 보게 된다. 무의식의 기대를 충족시키기 위해서 뭔가를 보는 것이다. 타인이 어떤 생각을 요구하거나 강요하는 것은 그 사람의 관점과 세계관을 주입하려는 것이다. 그래서 압력이 느껴지고 심하면 기분이 나빠지게 된다. 그만큼 관점은 중요하다. 개인의 현실은 개인의 관점이다.[11]

## 내면적 욕망과 외향적 욕망

밖을 보는 자 꿈을 꿀 것이며, 안을 보는 자 깨달음을 얻으리라.

_칼 융

---

11 『몸에 밴 어린 시절의 심리세계탐구』 김정수, 한언, 2021, p48-49

욕망이라는 에너지는 특정한 방향성을 가집니다. 대표적인 것이 안으로 향하려는 욕망과 밖으로 향하려는 욕망입니다. 내면적 욕망과 외향적 욕망인데, 둘 다 '연결'하려는 욕망입니다. 그래야 에너지가 생기니까요.

내면적 욕망은 내면 세계에 관심을 보이고, 외향적 욕망은 외부 세계에 관심을 가집니다. 안으로 들어가려는 에너지는 내면 깊숙이 숨어 있는 상징과 상상이라는 에너지에 끌리게 되고, 주관성이라는 위치를 공고하게 도와줍니다. 밖으로 나가려는 에너지는 타인과 현실이라는 에너지에 끌리고 객관성을 이해하도록 돕습니다.

내면과 외면이라는 두 관계는 적절하고 건강한 균형을 이루면서 개인의 의식과 정신세계를 지탱합니다. 그런데 양쪽은 서로가 주인공이 되기 위해 의식을 자신의 편으로 강력하게 끌어당깁니다. 마치 솔로몬의 재판에서 아이를 차지하려는 두 어머니와 같지요.

생각보다 미약한 의식은 양쪽에서 잡아당기는 압력으로 인해 힘들어지고 갈등을 겪습니다. 사람에 따라 안과 연결될 때 에너지를 얻는 사람이 있고, 밖과 연결될 때 에너지를 얻는 사람이 있습니다. 내향적 인격과 외향적 인격이지요. 요즘 유행하는 MBTI 검사로 보면 내향성(I)과 외향성(E)으로 구분할 수 있습니다.

생존을 위해 필요한 것들은 거의 대부분 밖에 있으므로 밖으로 향하려는 마음은 당연합니다. 생후 3~4년이 지나면 그것은 타인의 마음을 알고자 하는 것으로 표출되는데, 그것을 마음추론theory of mind이라고 합니다. 인지능력이 발달하는 것이지요. 타인의 마음을 읽는 능력, 즉 마음추론이 발달하기 위해서는 중요한 외부 대상, 어머니와의 공감이라는 뿌리가 있어야 합니다. 양육자와 주의를 공유하는 경험joint attention도 필요하지요.

마음추론이 생겨나서 타인의 마음을 알고 읽으려는 것이 자신에게도 향하면서 자신의 마음과 생각을 아는 능력이 생겨납니다. 메타인지metacognition 능력입니다. 자신에 대해 느끼고 생각할 수 있어야 마음이 발달합니다. 인간은 스스로에게 "왜?"라고 묻는 유일한 생명체입니다. 하이데거Martin Heidegger의 표현을 빌자면 현존재das Dasein입니다.

공감, 마음추론, 메타인지, 자기성찰은 모두 같은 맥락에서 움직이는 내적 활동인데, 뇌과학적으로도 공감과 메타인지, 자기성찰을 관장하는 부위가 같습니다. 자신에 대해 생각할 때, 자기성찰을 할 때와 다른 사람의 생각에 대해 고려할 때 활성화되는 뇌의 부위가 상당히 일치한다는 뜻입니다.

내측전전두엽VMPFC 및 후대상회피질PCC, posterior cingulate

cortex을 포함한 DMN(기본 모드 신경망)이 그 영역들인데, 대부분은 피질의 정중앙선 영역CMS, cortical midline structures입니다. 나를 이해하는 것과 타인을 이해하는 것이 같은 뿌리라는 것이지요. 또 뇌에서 이 부위들은 대부분 태어나자마자 활성화되는 부위들입니다. 그만큼 중요한 역할을 한다는 의미입니다.

밖으로 나가지 못하는 욕망은 여러 가지 문제를 일으킵니다. 무언가를 실현하지 못해서 답답하고 만족스럽지 못한 삶을 사는 것은 물론이며, 무엇보다 내면의 에너지가 음식이 상하듯 변질됩니다. 나가지 못하는 이유는 다양합니다. 안에서 너무 강하게 붙잡아서, 밖으로 나오는 과정에서 압력과 저항이 너무 커서, 혹은 타인의 시선과 타인의 욕망에 의해 제지되어서, 아니면 내면의 억압과 외부의 억압 혹은 처벌이 너무 강해서 나가지 못합니다.

밖으로 나가지 못하는 욕망은 마음을 구속합니다. 과거에 관한 생각 혹은 미래에 대한 고민이 너무 많아집니다. 의식이 시간의 늪에서 허우적거리게 되는 것이지요. 과거에 갇히면 우울증이며, 미래에 종속되면 불안증입니다. 집, 학교, 직장 같은 특정 장소나 발표를 해야 할 때와 같은 시기에 증상이 생길 수도 있습니다. 시간과 공간은 이렇게 우리를 구속하곤 합니다.

분화되지 못한 욕망에 철저하게 종속되면 강박 혹은 히스테리가 나타납니다. 강박은 나가지 못한 욕망이 주로 생각으로 향하고, 히스테리는 그 에너지가 주로 신체로 향하지요. 그래서 우리에게는 자유 혹은 해방이 필요합니다. 자신의 에너지를 이해하고 에너지가 충분히 움직일 자유입니다. 자신과 자신의 욕망을 이해하면서 '나의 해방일지'를 기록해 보는 것도 좋겠습니다.

그런데 내면에는 거의 관심이 없고 외부의 대상을 맹목적으로 추종하거나 집착하는 경우도 있습니다. 외부 대상은 주로 특정한 사람인 경우가 많지만, 환경, 물질, 행위, 사상 등도 얼마든지 그런 대상이 됩니다. 집착, 의존, 중독이라는 현상으로 나타납니다. 집착 혹은 의존은 유년기의 결핍 경험과의 연관성이 높지만, 왜곡된 자기애가 일방적으로 투사될 때도 얼마든지 생겨날 수 있습니다.

때가 되면 의식은 내면으로 향해야 합니다. 매우 어려운 상황에 놓였을 때, 현실의 문제를 도저히 해결할 수 없을 것 같을 때는 내면으로 들어가야 합니다. 나이가 들어서 중년 전후가 되었을 때도 자신의 내면과 소통해야 합니다. 그때 내면적 욕망의 도움이 절실해지지요.

우리의 내면은 마음의 고향이며 나의 모든 것이 시작된 곳입니다. 자신이 정말 원하는 것이 무엇인지, 내 안에는 무엇이 있는지를 집요하게 물어야 합니다. 자신을 이해하고, 자신의 욕망을 이해하고, 자기 삶의 궤적을 이해하게 하는 에너지는 내면에서 나옵니다. 자신을 제대로 이해할 때 그것이 투사된 세상과 타인에 대한 이해도 함께 성장할 것입니다.

## 7. 끊임없이 현실과 대립하는 욕망

우리는 욕망함으로써 뇌가 활성화되고 선명한 이미지와 느낌이라는 에너지를 가지게 됩니다. 그렇게 살아있음을 경험하고 살아가도록 에너지를 얻습니다. 욕망은 충분히 강력해서 게으르고 겁이 많은 우리를 움직이게 합니다.

그런데 이 욕망의 본질은 환상이며 허구입니다. 어느 때 우리는 배가 고파서 혹은 무언가를 가지고 싶어서 죽을 것 같지만 결국 죽지는 않습니다. 행복해서 미칠 것 같을 때가 있지만, 그 행복도 결코 오래 지속되지 않습니다. 사실처럼 느껴지고, 그래서 움직이고 만족하고 혹은 좌절하면서 에너지를 소모하지만, 그것은 순간적인 느낌이자 신기루이고 허구일 뿐입니다. 심지어 오랜 수련 후에 찾아오는, 자신과 세상의 경계가 사라진 환희로 충만한 깨달음의 시간도 생각보다 오래 지속되지 않습니다.

또 욕망은 본질적으로 불가능한 것을 욕망합니다. 욕망의 뿌리가 존재의 공백이고, 유아기에 모성을 향했던 욕망에 기인하기 때문입니다. 그리고 나의 욕망은 타자의 욕망, 타인에 의해 요구된 욕망입니다. 이것은 라캉이 설파한 것으로, 상당히 설득력이 있습니다.

가령 공부를 잘하고 싶은 아이가 있을 때 그 아이의 욕망은 자신의 욕망 같지만, 사실은 어머니의 욕망이고 선생님의 욕망에서 시작합니다. 우리가 무언가를 원할 때도 사실은 타자에 의해, 사회에 의해, 시스템에 의해 그것을 원해야 할 것 같은 마음이 학습되거나 이미 내재화되어 있는 경우가 대부분입니다. 이렇게 허구성과 불가능성 그리고 타자성에 욕망의 이중성과 비극성이 있으며, 인간의 한계와 역설이 있습니다.


### 한계와 처벌로서의 현실

현실은 욕망을 이루어가는 장場이고 무대이지만, 시간과 공간에 분명한 한계가 있고, 타자의 시선이 우글거리는 처벌 가능성의 공간이기도 하며, 슈퍼에고가 투사된 곳이기도 합니다. 우리는 저마다의 방식으로 현실에 다가가고 현실을 인식하지만, 객관적인 현실을 아는 것은 불가능합니다. 모든 현실은 각자의 내면이 투사된 각자의 현실이기 때문입니다. 같은 현실을 두고 의견이 전혀 다르거나 다툼이 생기는 이유이지요.

슈퍼에고가 주로 투사된 현실은 고통과 처벌 위주로 느껴질 것이며, 이드의 세계가 투사된 현실은 욕망의 대상이 넘쳐나는 현실이겠지요. 자원의 한계, 시공의 한계, 인간 능력의 한계는 욕망의 완전한 충족을 허용하지 않습니다. 마치 불사조와 불로초가 존재하지 않는 것과 같습니다.

현실은 타인의 시선이라고 볼 수 있습니다. 타인의 눈과 시선이라는 에너지는 어머니의 시선과 아버지의 시선에서 시작합니다. 물론 그보다 깊은 기원은 내면에 이미 존재하고 있는 어떠한 것입니다. 우리의 의식과 욕망은 항상 현실과 대립합니다. 그래서 현실은 항상 일정한 불편함과 부담을 줍니다. 어느 정도 시선이 의식되는 것은 어쩔 수 없는 일이며, 어떤 경우에는 필요하기도 한 정상적인 현상입니다. 라캉은 이러한 현실을 '대타자의 시선'이라고 했지요.

그런데 유난히 타인의 시선이 불편한 사람들이 있습니다. 의식되는 타인의 시선은 주시자注視者의 시선이며, 대부분 부모의 시선에서 시작됩니다. 그리고 부모의 시선은 아이의 내면으로 들어가서 스스로의 시선이 됩니다.

아이가 어느 정도 성장하면 스스로 세운 목표나 이상에 도달하지 못해서, 자신의 기준에 스스로가 부합하지 않아서 괴로워하고 힘들어합니다. 자신과 자신과의 관계가 불편하고, 스스로에게 친절하지 않은 것입니다.

그리고 시간이 흐르면 내부의 시선, 자신을 평가하고 처벌하려는 시선은 다시 밖으로 투사됩니다. 타인이 자신을 좋아하지 않을 것 같고, 자신을 부정적으로 평가할 것 같은 시선을 느낍니다. 밖에서 안으로 들어와서 다시 밖으로 나가는 것이죠.

타인의 시선은 불안을 자극하지만, 한편으로는 충동으로부터 자신을 보호하는 역할도 합니다. 만약 영화에 나오는 투명 망토를 통해 투명 인간이 된다면 어떨까요? 내가 타인의 눈에 절대로 보이지 않는다면 무엇을 할까요? 자신의 이익과 쾌락을 위한 행동을 하지 않을까요? 누가 우리를 보지 않는다면 자아는 상당히 대범해지겠지요. 이때 도덕적이고 윤리적으로 행동한다는 보장이 있을까요?

우리는 이러한 타인의 시선 때문에 내적 충동을 방어할 수 있습니다. 시선이 불편한 분들은 시선의 긍정성에 대해 생각해보면 도움이 될 것입니다. 그럼에도 타인의 시선이 너무 불편하다면 어쩌면 자신의 내적 충동이 그만큼 강하고 뭔가 불편한 내용이 있기 때문은 아닐까요?

욕망은 욕망대로, 현실은 현실대로 실재하는 완전히 다른 두 에너지이며 세계입니다. 그렇다면 대립하는 욕망과 현실이 과연 동시에 만족할 수 있을까요?

욕망은 쾌락 원칙을 따르면서 상상과 함께 움직이며, 현실은 현실 원칙을 따르면서 시선과 함께 작동합니다. 두 세계는 항상 대립하며 충돌할 수밖에 없습니다.

욕망과 현실 사이에 실재하는 간극을 부정하며 없애려는 에너지가 완벽주의이며 강박입니다. 강박적 욕망은 욕망과 현실 사이의, 실재와 현상 사이의, 상상과 시선 사이의, 주관과 객관 사이의 간극과 한계가 소멸하기를 원합니다. 불확실성과 불완전성이 사라지는 것인데, 이는 절대자의 경지에 도달하려는 욕망입니다.

만약 욕망과 현실 사이의 빈약하고 금방 무너질 것 같은 비루한 공간에서 자신만의 좌표를 잡고 설 수 있다면 삶은 예술이 되겠지요. 양쪽의 거대한 압력을 견디면서 자신의 시공간을 조금씩 확장할 수 있다면 삶은 기쁨을 주는 무대로서 의미를 획득하겠지요.

과학과 정신의학이 더 발달한다면 물리적으로, 생물학적으로 그 좌표를 지정할 수 있는 미래가 올지도 모릅니다. 그런데 그렇게 된다면 인간의 고유성과 가치는 어떻게 유지될 수 있을까요?

### 타인의 시선과 타자의 욕망

눈이 눈을 보지 못하듯 우리는 스스로를 보지 못합니다. 자신의 모습을 있는 그대로 볼 수 있는 사람은 없습니다. 우리는 거울에 비친 좌우가 뒤바뀐 모습, 타인의 눈에 비친 모습을 통해 자신을 봅니다. 필연적으로 우리는 거울과 같은 관계 속에서 자신을 인지할 수밖에 없습니다.

그것의 시작이 부모, 특히 어머니의 시선입니다. 어머니의 시선은 망막을 통해 아이의 눈과 뇌로 전달되면서 어머니라는 존재의 이미지가 생겨납니다. 어머니는 애착이라는 무대에서 사랑의 에너지로 아이를 바라보고 필요에 따라 아이를 돌봅니다. 이때 어머니라는 존재와 그가 가진 에너지가 아이에게 전달되는데, 유아기에 경험하는 아이와 어머니의 양자적 공명 관계가 인간관계의 시작이자 뿌리입니다.

모성은 그 자체로도 의미가 있지만, 아이의 타고난 에너지를 대하는 의미 있는 첫 외부 대상으로서 더 큰 의미를 가집니다. 관계라는 삶의 무대이자 긴 여정의 시작이 모성과의 애착입니다. 아이와 어머니의 눈과 눈이, 그리고 우뇌와 우뇌가 통하면서 일어나는 에너지의 공명이 바로 애착입니다.

부모의 시선과 응시는 서서히 내면으로 들어와 자리를 잡고 한 그루의 나무처럼 성장합니다. 그 나무는 두 개의 큰 줄기를 가지고 있는데, 하나는 사랑과 믿음이라는 줄기이며 또 다른 하나는 이상을 추구하면서 자아를 통제하고 감시하는 슈퍼에고라는 줄기입니다. 부모의 존재는 스승이나 윗사람 등으로 확장되면서 외부로 투사되는데, 타인과 대타자의 시선과 응시로 되돌아옵니다.

아이는 어머니의 사랑과 인정을 원합니다. 그리고 동시에 자신을 돌보는 어머니의 욕망의 대상이 됩니다. 그렇게 부모의 애정과 관심은 아이를 성장시키고 만족을 주지만 시간이 지나면서 묘한 불편함과 두려움도 느끼게 합니다. 때가 되면 적절히 물러날 줄 아는 지혜로운 부모와 자녀에게 자신의 욕망을 과도하게 주입하는 것을 경계하는 부모는 부모에 대한 아이의 양가감정을 최소화시켜 아이가 한 개인으로 성장하는 것을 돕습니다. 자녀는 잘 성장하는 그 자체로 부모의 절제와 지혜를 보상합니다.

　여자 친구와의 이별 후 우울과 분노를 해결하지 못한 30대 중반의 미혼 남성 P의 이야기입니다. P는 지적이며 창의력도 뛰어난 능력자입니다. 좋은 대학교를 나왔고 직장생활을 하다가 용기를 내어 자신의 사업을 일으키고 꽤 성공하였습니다. 호사다마라고 했던가요. 잘 나가던 사업이 주춤하기 시작합니다. 그러던 차에 사귀던 여자 친구와의 관계도 삐걱거렸습니다.

　P는 스트레스를 받기 시작했는데, 자신의 스트레스의 뿌리가 어디에서 시작되었는지를 잘 알지 못했습니다. 겉으로 보기에는 사업 스트레스와 이성 관계의 문제 같았지만, 문제의 핵심은 어머니와의 관계에서 해결되지 않은 에너지가 많이 남은 데 있었습니다.

　P의 어머니는 자기 절제력이 아주 강하고 헌신적으로 살아온 분입니다. 반면 감정적이며 즉흥적인 성격을 가진 P는 청소년기부터 어머니와 많이 부딪쳐 왔지요.

　성인이 된 후에도 P의 주요 행동은 어머니의 욕망을 반영하거나 혹은 어머니의 욕망에 대한 반발력이 작용한 것이 대부분이었습니다. 어머니의 욕망이거나 어머니에 반대하는 것을 자신의 욕망으로 알고 살아온 것입니다.

"이제껏 살아온 시간이 나의 욕망이며 나의 삶인 줄 알았는데… 아니었던 것 같아요. 생각해 보면 여자 친구도 어머니와 비슷한 성격이었던 것 같아요. 내가 실수를 많이 해서 그런 것도 있지만, 여자 친구는 자신의 가치관과 생각을 많이 요구했지요. 여자 친구의 말이 틀린 이야기도 아니었지만, 왠지 거부감이 컸던 것 같아요. 그러다가 사소한 일 때문에 너무 화가 나서 결국 헤어졌어요. 지금 생각해 보면 내가 참고 이해했어야 했는데…."

P는 새로움을 추구하고, 가능성에 대한 가치를 증명하려고 애썼습니다. 자신을 강력하게 끌어당긴 그 욕망은 스스로를 발전시키고 사업의 성공을 이끌었습니다. 그러던 중 한 여성과 깊은 사랑에 빠졌다가 자신의 충동성 때문에 관계가 깨어지면서, 자책하는 동시에 분노를 느끼고 있습니다.

무의식의 관점에서 볼 때 P의 사업은 어머니와 맞서는 것이며, 여자 친구는 어머니의 에너지를 다시 경험하는 것입니다. P의 연애는 모성 에너지, 즉 아니마와의 연애였습니다. 특별한 관계에 대한 강렬한 욕망은 결국 좌절되었는데, 무의식적으로 좋은 어머니이기를 기대했다가 실망하고 분노를 표출하면서 파국적인 결말이 되었던 것입니다.

## 나의 욕망과 타자의 욕망

나의 욕망은 타자의 욕망이지만, 자아가 성장하면서 분리된 두 욕망 사이에서는 잦은 충돌이 일어납니다. 그들의 말이 왠지 마음에 안 들고 이해되지 않습니다. 낯설고 피하고 싶습니다. 어떤 때는 그들을 공격하고 싶기도 합니다. 그럼에도 우리가 타자와 사회의 요구를 받아들이면서 사회화될 수 있는 것은 각자 내면에 그것을 이해할 수 있는 어떤 체계가 이미 존재하고 있기 때문입니다. 언어를 배울 수 있는 능력을 가지고 태어난 것과 같습니다. 내재되어 있는 기본적 사회성이며 공감 능력인데, 사실 이 능력은 공감의 실제 경험이 있어야 제대로 작동되기 시작합니다.

두 욕망의 대표적인 충돌은 자녀와 부모의 관계에서 시작되곤 합니다. 부모는 자녀를 사랑한다는 생각으로 양육하면서 아이를 훈육하고 때론 야단치기도 하지만, 깊은 곳에서는 자녀를 지배하고 통제하려는 욕망이 숨어 있습니다. 겉으로는 사랑이 충만한 부모를 표방하지만, 사실은 권력자가 되려는 것이지요.

또 자신이 경험했던 실패나 불안을 겪지 않게 하려고 자녀의 삶에 과도한 기준을 제시하면서 개입하거나, 사소한 일에도 불안을 느끼면서 자녀를 탓하고 공격하는 경우도 흔합니다. 애정과 불안이 혼재된 경우이지요. 부모가 자신의 평판을 위해서 아이를 과하게 체벌하는 경우도 꽤 있습니다. 드물게는 자녀와 경쟁하는 부모도 있습니다.

아이는 타협하거나, 비밀리에 하거나, 고집대로 하거나, 싸우기만 하면서 이도 저도 아니거나 하는 등의 모습을 보이겠지요. 겉으로는 부모의 말을 수용한 것처럼 혹은 타협한 것처럼 보이더라도 아이의 내면에서는 이 경험이 패배와 굴종으로 기억될 수 있습니다.

부모와의 관계에서 이런 일이 반복되다 보면 그 사람만의 행동양식이 됩니다. 그래서 무언가 강렬히 원할 때 '나의 욕망인가? 부모의 욕망인가? 사실은 타자, 주로 어머니나 아버지의 욕망에 대한 반발인가?' 질문해 보는 것은 중요한 의미를 가집니다.

사실 더 중요한 것은 나의 욕망이 나의 욕망과 충돌하는 것입니다. 어떤 사람은 자신의 삶을 끔찍하게 사랑하는 것 같지만, 사실은 위험을 추구하면서 자신과 삶을 파괴하기도 합니다. 아버지처럼 권력자가 되려는 욕망과 보호받고 돌봄을 원하는 아이가 되려는 욕망을 동시에 주장하면서 관계를 헷갈리게 할 수 있습니다. 모두 자신의 욕망을 알지 못해서 가까운 사람과의 관계에서 또 자신과의 관계에서 일어나는 욕망의 탈선입니다.

욕망은 환상이고 이미지이지만 적절한 언어로 번역되어야 합니다. 그런데 언어는 나의 언어가 아닙니다. 우리는 사용하는 언어를 만들지 않았고 이미 만들어져 있는 언어를 받아들이면서 배워야 하고 규칙에 따라 사용해야 합니다. 어머니의 말을 배우고 아버지의 언어를 따라야 하지요.

타자의 언어, 부모의 언어를 배우는 것은 적응이자 한편으로는 소외입니다. 언어는 사회성과 권력성을 가집니다. 언어를 통해 타인과 연결되고 에너지를 얻으면서 타인에게 영향력을 행사합니다. 그런 면에서 언어는 욕망의 통로입니다. 동시에 타인의 언어, 대타자의 언어로서 개인의 욕망을 억압합니다. 언어가 쾌락을 막고 욕망을 거세시키는 것이지요.

이러한 현상은 내면의 원형, 로고스의 에너지가 필요합니다. 이성과 논리라는 에너지가 발전해야 하니까요. 그런데 타인을 공감하고 이해하는 것은 에로스와의 관계가 중요합니다. 어머니가 성취와 목표에만 집착하는 인격을 가졌다면 혹은 아버지가 너무 일방적이고 권위적이라면 아이의 내면은 로고스와 아니무스의 에너지가 한 방향으로만 강해지면서 균형이 깨어지고 뒤틀어집니다.

뒤틀어진 아니무스가 투사된 외부 세계와 그 외부 세계의 상징들은 자아를 위협하므로 받아들일 수 없는 에너지가 됩니다.

이렇게 우리는 타자의 욕망을 욕망하며, 타자가 규정한 나로 살아갑니다. 아버지의 권력이 요구하는, 세상의 질서가 압박하는, 기존하는 언어와 개념의 영향력을 받으면서 살게 됩니다. 적응하고 순응하면서 살아가다가 보면 어딘가가 답답하고 불편함을 경험하는 시간이 옵니다. 어떤 갑작스러운 증상일 수 있고, 삶의 의미를 묻는 깊은 질문으로 다가올 수도 있습니다. 수동적이며 어떤 면에서는 '허구적으로 만들어진 나'에서 보다 '자신에 가깝고 본질적인 나'로 향해야 하는 시간이 찾아오는 것입니다. 나다운 나, 원래의 나, 진정으로 자신이 되는 것이지요. 그것은 타자의 욕망에서 자기의 욕망으로 움직이는 것이 아닐까요?

## 8. 욕망과 브레이크

    욕망이라는 가속기와 브레이크 사이에서 벌어지는 갈등과 타협 그리고 균형의 시간이 인생을 만들어갑니다. 만약 욕망이라는 전차가 마구 달리기만 하면 큰 사고가 날 것입니다. 그래서 적절한 제동장치(브레이크)가 필수적입니다.

    욕망의 오랜 역사만큼 브레이크도 긴 역사가 있습니다. 문명의 초기에는 터부와 금기로서, 제도와 법으로서, 그리고 종교로서, 또 예절과 문화로서 진화해 왔습니다. 사회적, 집단적 브레이크가 개인의 마음으로 들어오면 도덕과 양심으로 느껴지게 됩니다.

    기본적인 브레이크는 어느 정도 내재되어 태어나지만, 그것이 적절하게 작동하기 위해서는 경험과 훈련이 필요합니다. 부모와의 관계가 그 시작이지요.

출생 후 첫 일 년 동안은 경이에 찬 세상을 경험하면서 아이의 교감신경계가 주로 발달합니다. 기쁨에 찬 표정과 천진난만한 웃음은 그 표상이지요.

12개월 전후로 걷기 시작하면서 아이의 교감신경계는 적절한 통제를 받아야 안전할 수 있습니다. 그래서 생후 2년째는 부교감신경계가 주로 발달하는데, 이때도 부모의 적절한 제지와 통제가 큰 역할을 합니다.

사실 욕망과 충동을 제어할 수 있는 것은 강력한 브레이크는 처벌뿐인 경우가 많습니다. 특히 유년기, 청소년기, 초기 성인기에는 더욱 그렇습니다. 물리적 처벌을 의미하는 것이 아닙니다. 처벌은 슈퍼에고와 자아이상ego ideal 그리고 그것이 투사된 사회적 관념들로부터 옵니다. 정신세계가 성장하면서 내면적, 개인적 처벌과 외부의, 사회적 처벌로 분화되지요.

중요한 질문은 이것입니다. 브레이크가 금지와 금기인가, 아니면 적절한 조절 장치인가? 타인에 의한, 사회에 의한 브레이크인가 자신이 결정한 브레이크인가? 가속기와 브레이크 사이를 조율할 능력을 가지고 있는가? 양쪽이 부딪힐 때는 어떤 방식으로 조율하고 풀어 가는가?

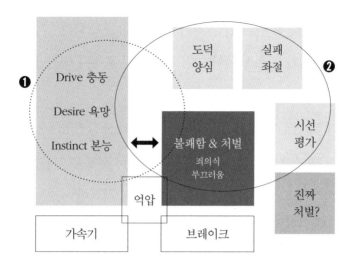

마음의 가속기와 브레이크

그림을 살펴보면서 나의 의식은 어디에서 주로 움직일지 생각해 보세요. 의식의 활동 영역이 주로 어디인가요? 욕망만 추구하려는 사람들, 욕망을 갈망하는 사람들은 결국 욕망과 멀어지곤 합니다. 역설입니다. 욕망을 억제만 하려는, 혹은 무의식적으로 억압하는 사람들도 욕망에서 멀어집니다. 의식에서 멀어진 욕망은 엉뚱한 곳에서 터져 나오거나 폭발합니다.

양쪽 모두 치료가 필요한 상황인데 병원에 오시는 분들은 주로 실선에 해당하시는 분들입니다. 의식이 ❷에만 머물러 있는 상태를 강박증이라고 부릅니다. 여기서 의식의 에너지가 이동해야 하는데 결코 쉽지 않습니다. 욕망과 통제 사이에서 고민만 하면서 에너지를 낭비할 때 양가감정의 늪에 빠지게 됩니다.

필사적으로 욕망을 억압하려는 이유는 다양합니다. 첫째, 나의 욕망 자체가 불편하다는 에너지입니다. 욕망 자체가 죄를 연상시키고 왠지 부끄럽게 여겨집니다. 그래서 나는 절대로 욕망해서는 안 된다고 생각합니다. 만약 욕망한다면 반드시 안 좋은 일이 생길 것이라고 굳게 믿게 됩니다. 이것은 대개 나와 나의 문제, 내면의 문제인데 대부분 에너지가 무의식에서 일어나므로 이 수준에서의 문제는 간단하지 않습니다.

둘째, 욕망하고 행동하는 것은 죄를 짓는 것이라는 에너지입니다. 이들은 욕망이 곧 행동이며 결과라고 믿습니다. 누군가를 미워하기만 해도 그 사람에게 안 좋은 일이 생길 것이라고 느낍니다. 욕망이 판단의 중심이면서, 욕망과 행위라는 결과 사이에 생각보다 많은 것들이 있음을 알지 못합니다.

셋째, 나의 욕망을 타인이 아는 것이 불편하다는 에너지입니다. 타인이—특히 나의 욕망을 이해하지 못하는— 나의 욕망을 알았을 때 큰 문제가 생길 것이라고 느낍니다. 그래서 나는 욕망을 철저히 숨기고 잘 처리했는지 확인해야 합니다.

가령 부모님 몰래 게임을 한 후 부모님이 알기 전에 게임했던 흔적을 지우고 그것이 제대로 지워졌는지 재차 확인하려는 청소년의 마음입니다. 확인이 심해지면 자기 검열로 이어지고 확인 강박증으로 발전합니다. 그 이면에는 유아기, 유년기에 자신의 욕망을 처벌했던 부모에 대한 해결하지 못한 강한 분노와 두려움이 숨어 있습니다. 나와 타인의 문제처럼 보이지만, 타인이 그럴 것이라는 내면의 상像과의 문제이므로 내면 문제의 연장선입니다.

자신의 욕망에 대해 좋지 않은 느낌bad feeling을 느낀다는 것은 자신의 내면이 그렇게 느껴진다는 것입니다. 이것이 낮은 자존감의 가장 중요하고 흔한 원인입니다. 타인이 나의 욕망을 아는 것이 약간 부끄럽다면 별문제는 아닙니다. 우리는 자신의 욕망이 드러날 때 민망함을 느끼고, 어느 정도의 부끄러움이나 민망함은 염치 있고 양심이 있다는 신호입니다. 문제는 약간의 부끄러움이 아니라 그것이 감당하기 힘든 처벌로 느껴지는 것입니다.

또 브레이크의 많은 부분은 무의식에 있다는 것도 문제입니다. 나의 욕망을 타인이 아는 것이 너무 불편하고 불안하다는 사람들이 꽤 있습니다. 여기서 타인은 주로 부모에서 시작되곤 하는데, 그 이면에는 우리의 내면 깊은 곳에 살아 숨 쉬는 부모 원형이 있습니다.

정치인이나 사회 지도층 인사들의 앞뒤가 다른 모습에 많은 이들이 놀라고 한편으로는 분노합니다. 도덕, 정의, 올바름, 착함은 항상 설득력을 가집니다. 특히 타인과의 관계, 사회적 상황에서는 더욱 그렇습니다. 반면 비도덕, 불의, 옳지 않음은 스스로는 물론이고 사회적으로도 비난과 공격의 대상이 되기 쉽습니다. 그래서 우리는 어느 정도 도덕적이고 올바르기 위해 노력하지요.

그런데 무엇이 옳은 것일까요? 마이클 샌들의 『정의란 무엇인가』라는 꽤 두꺼운 책으로도 정의를 완전히 정의하지 못할 정도로 단순하지 않습니다. 도덕과 정의는 물론이며 법과 제도도 사실은 추상적인 가치입니다.

자신의 경험과 내적 결심이 없이 추상적 가치에 맹목적으로 굴복하면 강인한 도덕, 일관된 올바름은 생기지 않습니다. 또 일관되어야만 한다는 추상적인 관념에 사로잡혀 자신도 모르게 강박증의 포로가 될 수 있음도 유념할 필요가 있습니다. 부모는 겁을 주거나 혼내고 위협함으로써 자녀들에게 도덕성을 가르치고 전해 줄 수 있다는 안일한 생각을 경계해야 합니다.

우리는 어떻게 해야 내재화된 도덕적 기준을 가질 수 있을지 고민해야 합니다. 훈육과 사회적 자극은 반드시 필요하지만, 결국 도덕은 개인적 차원에서 충분히 고민되고 내재화되어야 합니다. 도덕주의와 시선에 굴복한 도덕은 위선의 또 다른 이름입니다.


## 욕망의 투사

성전환을 원하는 20대 초반의 남성 A와 이를 반대하고 막으려는 아버지의 이야기입니다. 청소년기에 접어들면서 우울증을 호소하던 A는 고등학생이 되자 자신의 성적 정체성에 문제가 있음을 주장하면서 커밍아웃을 합니다. 그리고 시간이 지나자 성전환 수술을 받겠다고 고집합니다. 당황한 아버지는 걱정이 앞서는 한편 그런 아들을 이해하기 힘든 면이 꽤 있습니다. 왜냐하면 아들은 격투기를 좋아하고, 군대 문화에도 관심이 많다고 했습니다. 더구나 성적 대상으로는 여성을 좋아합니다. 만약 성전환 수술을 한다면 동성애자가 되는 것이지요.

A가 다섯 살 때 부모는 불화로 이혼하였고, A는 아버지의 돌봄을 받으면서 성장하였습니다. 아버지는 아들에게 깊은 애정이 있지만, 전문직을 가지고 있었으므로 시간이 많지 않았습니다. 할머

니와 고모가 양육을 도왔지만, A에게 긍정적인 기억은 아니었습니다.

가끔 만나는 어머니에 대한 인상도 할머니와 비슷했습니다. 아버지는 권위를 내세우지는 않지만, 꽤 집요하게 그리고 논리적으로 자기의 뜻을 관철하려는 사람입니다. 아버지의 노력에도 아들은 신앙, 성 정체성, 대학의 전공 등 중요한 위치에서 모두 아버지의 반대편에 서 있습니다.

A의 여성이 되어야겠다는 마음은 어느 날 자신의 외모에 강력한 혐오감을 느끼면서 시작되었습니다. 상체의 근골격 모습, 다리에 난 털이 그런 느낌을 주었다고 했습니다. 남성성, 특히 공격적인 남성성에 대한 혐오입니다. 특이한 점은 여성이 되더라도 이성적이고 논리적인 성격은 유지하고 싶어 하는 것입니다. 여기에는 어머니, 고모, 할머니의 영향이 있는 것으로 보입니다. A는 고집스럽고 변덕이 심한 것처럼 느껴지는 여성의 성격이 싫었다고 합니다. 어머니와 여성에게 받은 상처가 남아 있는 것으로 보입니다.

핵심은 A가 원하는 여성의 몸이 무엇인가 하는 질문입니다. 또 여성이 된다는 의미는 무엇인가 하는 물음입니다. 주체로서의 본질은 내적인 에너지이며 몸은 그 본질을 담는 그릇과 같습니다.

여성의 인격을 이해하고 그 인격을 담는 몸으로써 여성이 되어야만 한다면 성전환자의 삶을 선택해야겠지요.

그런데 아직은 여성의 인격에 관한 생각이나 느낌이 희미하고 애매합니다. 특정한 남성성을 피하기 위한 도구로서 여성의 몸이 사용되는 인상을 줍니다. 고민이 더 필요한 부분이지요. 다행히 A는 여성도 여성이지만, 자신다운 사람이 되고 싶은 것이 우선이라고 했습니다.


여성이 되는 것과 여성적인 것을 좋아하는 것은 다릅니다. 여성의 몸과 여성의 인격도 반드시 일치하지는 않습니다. 남성의 어떤 면을 혐오하는 것과 남성성 전부를 부정하는 것도 구별되어야 합니다. A는 아직 혼란스러운 상태에 놓여있습니다. 남성의 몸, 남성의 어떤 것이 싫다는 거부와 혐오는 하나의 시선인데, 과연 그것이 온전히 A 자신의 것일까요, 아니면 무의식에 있는 다른 에너지의 시선일까요?

A는 여러 가지로 부모와 대척점에 서 있습니다. 논리가 강한 아버지와 감정을 내세우는 어머니와의 대립입니다. 부모와의 대립을 해결하는 방법은 여성의 몸과 남성의 인격을 가진 존재가 되는 것이라고 생각한 겁니다. 부모의 약점을 넘어서 진화된 완전한 인

간이라고 할까요? 더 이상 상처받지 않는 인간입니다. 실제로 A는 청소년 시절 친구 관계에서 꽤 상처를 받았고 우울증을 겪었습니다. A는 이렇게 말했습니다. "모두하고 잘 지내고 싶어요…. 나에 대한 적의나 적대감을 도저히 견딜 수 없어요."

의식에 도저히 담아 둘 수 없는 에너지를 밖으로 던져버리는 것을 심리학에선 투사projection라고 합니다. 일종의 방어기제defense mechanism이지요. 해결되지 못한 욕망, 만족하지 못한 욕망, 담을 수 없는 욕망, 부정적이기만 한 욕망은 외부로 투사됩니다. 욕망이라는 에너지는 마음에 오랫동안 머물 수 없기 때문입니다. 그것이 욕망의 운명입니다.

긍정적인 에너지가 투사되면 대상을 이상화하면서 눈이 멀게 됩니다. 부정적인 에너지가 투사되면 유독 안 좋은 면이 자꾸 보이고 거슬리는 느낌을 받습니다. 항상 외부 탓을 하려는 경향이 생겨납니다.

밖으로 던져버리는 것은 가지고 있는 것보다 에너지가 덜 듭니다. 투사는 부정적이고 위협적인 어떤 것을 밖으로 던져버림으로써 일시적으로 내적 균형을 이룬 느낌을 만듭니다. 그러나 투사로 인해 자신의 외부 세계는 온갖 부정적인 것들이 많아집니다. 긍정적인 내면과 부정적인 세계, 안전한 내부와 위협적인 외부로 분열되면서 더 큰 불균형이 생겨납니다. 무분별한 투사로 인한 비극이지요. 결국 투사는 일시적인 만족과 순간적인 평온함에 그치게 됩니다.

투사는 문제를 밖으로 던져버리므로 진짜 해결과 자신의 성장 가능성을 소멸시킵니다. 의식의 외부에 있는 것은 어떻게 할 수 없기 때문이지요. 외부로 투사되면 사실은 자신의 것임에도 자신과는 완전히 무관하게 인식됩니다. 슬픈 일입니다.


자아라는 그릇이 울퉁불퉁하고 협소할수록 욕망은 조급하게 투사될 수밖에 없습니다. 특히 공격성이나 의존성과 연관된 욕망은 더욱 쉽게 외부를 향합니다. 특별한 이유도 없는데 누군가 유난히 밉거나 누군가에 집착한다면 투사를 의심해 봐야 합니다. 공격성은 안에 두자니 너무 죄책감이 들고, 의존성은 왠지 밖에서 주어질 것 같기에 투사되기 쉽습니다.

투사된 욕망은 그것을 받아 줄 대상에 달라붙고 합쳐집니다. 투사된 대상으로부터 욕망을 분리해서 대상 자체를 있는 그대로 바라보기 위해 노력해야 하지만, 사실 거의 불가능합니다. 그러나 자신에게 어떠한 욕망이 있으며, 그것이 외부로 어떻게 투사되고 있는지 이해하고 받아들일 수 있다면 마음과 인격은 성장할 것입니다. 욕망의 진화가 시작되는 것이지요.

2장

# 일그러진 욕망들

가장 강력한 에너지인 욕망에 문제가 생긴다면 당연히 개인의 삶에도 문제들이 따라옵니다. 욕망이 지닌 환상성과 허구성을 전혀 모르고 마치 현실처럼 받아들일 때 자아의 의식은 정신병적 상태에 빠지게 됩니다. 내면의 공백을 인정하지 않으려는 마음, 완벽한 상태에 머무르려는 욕심, 한계를 인정하지 않는 태도, 불가능을 욕망하는 것, 환상을 현실에서 반드시 이루려는 마음 등이 강박적 욕망과 히스테리적 욕망의 기저에 있는 에너지입니다.

어쩌면 불가능하기에 욕망할 수도 있습니다. 계속 언급해 왔듯이, 나의 욕망은 대부분 타인에 의한 욕망이며 우리의 내면에는 해결되지 않은 상실과 결여가 있을 수밖에 없습니다. 그래서 욕망의 근원은 공백과 결여를 해결하는 것입니다. 하지만 그것은 불가능합니다.

욕망의 이중성과 한계를 인정하지 않고 받아들이지 않을 때 의식은 영원한 욕망을 욕망하는, 욕망 그 자체를 사랑하는 상태에 고착됩니다. 욕망이 뫼비우스의 구조에 갇혀 버리는 것이지요.

유년기의 안정적인 환경은 완전하거나 완벽하지 않더라도 어느 정도에서 적절하게 만족하는 것을, 즉 욕망의 타협을 배우게 합니다. 그러나 지나친 결핍은 불가능한 욕망, 환상에의 집착으로 자아를 끌어당깁니다. 또 부모의 욕망을 만족하기 위해서, 부모에 의한 과잉충족 경험도 욕망 자체에 대한 집착을 강화합니다.

　병리적인 욕망은 욕망이라는 에너지를 적절하게 사용하지 못하게 합니다. 에너지로서의 효율성이 떨어지고, 엉뚱한 곳으로 향하게 하거나, 기쁨과 즐거움은 사라지고 만족과 동떨어진 삶을 그려냅니다. 욕망은 우울증, 불안증, 공황장애, 강박증, 조울증, 분노조절장애, 불면증 등 많은 임상적 문제들이 생겨나고 악화되는 데 깊은 영향을 줍니다. 2장에서는 욕망의 정신병리와 일그러진 욕망에 대하여 살펴보고자 합니다.

# 1. 왜 욕망은 일그러지는가

욕망은 그것을 조절하는 브레이크와의 관계가 중요합니다. 욕망과 브레이크라는 두 에너지 사이에 적절한 긴장과 균형이 있을 때 우리는 건강하고 생동적인 마음의 상태를 느낄 수 있으며, 각 개인의 삶도 그러한 방향으로 흘러갑니다.

욕망과 충동은 정신 에너지의 가속기인데, 그를 잡아 주는 브레이크 사이의 균형이 깨질 때 욕망이 일그러집니다. 가속기와 브레이크 사이에서 생기는 불균형의 원인은 대부분 슈퍼에고에 있습니다. 현실, 법이나 제도와 같은 구체적인 시스템, 타인의 시선, 타인의 평가, 도덕 개념, 종교적 원칙, 양심 등이 욕망의 조절자이자 브레이크 역할을 하는 슈퍼에고의 상징들입니다.

브레이크, 즉 슈퍼에고와 자아는 욕망을 통제하고 제어하지만,

한편으로는 욕망을 일그러뜨리고 왜곡시킵니다. 슈퍼에고와 자아에 의한 무의식적인 욕망의 통제 방식을 방어기제defense mechanism라고 합니다. 건강하지 못한 방어기제가 계속 작동하면 욕망을 망가뜨립니다. 억압과 투사가 대표적입니다. 욕망과 대립하는 현실도 욕망의 충족을 쉽게 허용하지 않습니다. 현실의 압박이 너무 클 때도 욕망은 뒤틀리고 일그러지기 쉽습니다.

욕망이 일그러지고 망가지면, 즉 욕망 시스템이 고장 나면 내가 무엇을 원하는지 잘 알지 못하게 됩니다. 무엇인가를 원하는 것이 왠지 불편하고 죄를 짓는 느낌을 받습니다. 타인이 원하는 것과 자신의 원하는 것을 구별하지 못합니다. 그리고 자신이 원하는 것과 원해야 하는 것이 혼동됩니다.

반대로 욕망하는 모든 것을 반드시 이루어야만 한다는 방향으로 왜곡되기도 합니다. 그럼에도 욕망은 결코 이루어지거나 사라지지 않으며, 오히려 병적으로 강해지며 자신의 존재를 드러냅니다. 그리고 엉뚱한 곳에서 튀어나오는데, 우리는 이러한 현상을 쉽게 알아차리지 못합니다. 의식적인 수준에서는 욕망이 사라지면서 무기력증, 무욕증이 나타날 수도 있습니다.

수년째 다른 사람의 시선을 두려워하는 대인공포, 대인기피증이 있는 20대 중반의 남성 K의 이야기입니다. 그는 중학교 때 친구들과 큰 다툼이 있었는데, 해결 과정에서 자존감을 크게 다쳤으며 그것이 매우 억울한 기억으로 남았습니다. 고등학교 때에도 친구 관계가 원만하지 않았으나 겉으로 드러내지 않았다고 합니다.

대학 진학 후 인간관계가 불편하다는 느낌이 점점 더 심해지기 시작했습니다. 주위에서 벌어지는 사소한 일들이 자신과 연관이 있는 것처럼 느껴졌고, 사람들에게 다가가거나 속마음을 말하는 것이 어려웠습니다. 무심코 건넨 말을 상대방이 어떻게 생각할지가 머릿속에 계속 맴돌면서 관계가 위축되고 기분도 자주 가라앉았습니다.

집에서는 정확한 이유를 알지 못하는 가족들이 하는 말에 괜히 짜증이 나서 억눌렀던 감정이 폭발하곤 했습니다. 부모와의 갈등도 심해지곤 했지요.

"자신이 없어요…. 다른 사람의 마음을 알고 싶어요. 그러지 못하면 너무 불안해요."

그는 자신이 얼마나 안전한지를 알고 싶어 합니다. 세상이 안전하지 않게 느껴지는 K는 학교는 물론 집에서도 불편한데, 이것은 진료실에서도 반복됩니다. 치료자의 눈치를 살피는 것이지요. 면담을 하고 돌아가면서 치료자의 반응과 말을 몇 시간 동안 생각하면서 고민하기도 합니다. 그러다가 면담을 빼먹기도 했고요. 물론 이 이야기도 매우 조심스럽게 겨우 꺼냈습니다. 그러다가 우연히 꽤 중요한 단서가 등장합니다.

"언제부터인지 모르겠는데 집에 있으면 불편해요. 얼마 전 아버지가 해외 출장을 가셨는데, 이상하게 마음이 편했어요. (잠시 침묵) 이상하게 내가 장남 역할을 잘하지 못 하는 것 같아요. 그래서 죄송한 마음이 들어요."

편해야 하는 집에서마저 얼마나 가시 방석인지 구체적으로 말하고 있습니다. 여기에는 생각보다 오래되고 복잡하며 무의식적인 문제가 있습니다. 전부를 언급할 수는 없지만, 문제의 핵심은 '아들'이 되지 못하는 것입니다. 부모를 받아들여야 비로소 아들이 될 수 있습니다. 부모의 장점과 단점 모두를 이해하고 수용할 수 있을 때 비로소 아들이 됩니다. 진짜 아들은 아버지와 어머니와 편한 관계입니다. 기쁘게 부모의 도움을 받을 수 있어야 합니다. 만약 부모가 짜증을 내면 살짝 기분이 상할 수는 있지만, K가 느끼는 것처럼 불편하지는 않습니다. 부모이기 때문이고, 믿음이 있기 때문입니다.

그런데 K의 무의식에는 자신이 아들이 아닙니다. 눈치 보는 소심한 하숙생에 가깝습니다. 하숙생은 하숙비를 내지만, K는 용돈을 받는 하숙생입니다. 그래서 하숙집 주인과 같은 부모의 호의가 불편합니다. 무의식에는 아버지와의 경쟁심과 아버지와 어머니에 대한 적대감이 숨어 있습니다. 그래서 자신의 내면을 사람들이 어떻게 생각할지 노심초사하는 것입니다.

K의 내면 세계는 높은 기대와 완벽주의, 자아 이상이 원하는 에덴동산으로 가득합니다. 높은 기대는 항상 실망으로 이어집니다. 그래서 하강이 필요합니다. 지상에서 영원으로가 아니라 천국에서 속세로 내려오는 것입니다.

처음에는 실패나 좌절로 느껴질 것입니다. 내려오는 것이 마치 놀이동산의 롤러코스터를 탈 때처럼 엄청난 공포감을 줄 것입니다. 그래서 자신도 모르게 위로 올라가려고 할 것입니다. 무의식의 에너지는 그런 것이니까요.

자신의 욕망을 자연스럽게 이야기하고 또 적절하게 피드백 받으면서, 자신과 자신의 욕망에 대해서 있는 그대로 느끼고 표현하는 체험적 경험과 확인이 K를 치유할 것입니다. 심리치료의 과정은 치료자와 그 경험을 공유하고 나누는 장이 되어야 하겠지요. 그럼에도 치료의 초기에는 치료자의 마음을 읽으려고 하면서 왜곡과 변형이 일어나고, K의 마음을 불안하게 하며, 치료자의 눈치를 보는 일이 반복되었습니다.

K에게는 치료에 대한 의지가 있습니다. 또 적대감이 있지만, 그것이 엄청난 불안을 야기한다는 것이 가지는 내면의 선함과 창조적 에너지도 있습니다. 이것을 깊이 이해하고 깨닫는 과정은 자신과의 화해는 물론 부모, 나아가 세상과의 화해와 공존으로 이끌어 갈 것입니다.

## 2. 문제의 4가지 범주

첫 번째는 너무 강한 환상과 너무 강한 욕망입니다. 과욕 혹은 탐욕이라고 하지요. 정확한 원인을 특정하기는 어렵지만 타고난 부분과 결핍의 영향이 큰 것은 분명합니다. 대표적인 너무 강한 욕망은 모든 것은 살아있다는 욕망입니다. 정신분석에서는 히스테리적 욕망이라고 합니다. 자아에 집중된 욕망, 자기애도 강한 욕망의 한 종류입니다. 세상의 중심에 자신이 있고 모든 것이 자기 뜻에 따라 움직여야 한다는 욕망이지요.

두 번째는 억압입니다. 주로 슈퍼에고에 의해 욕망이 무의식적으로 장기간 눌리는 상태이며 무욕과 무기력이 나타납니다. 너무 강한 억압은 잠재적인 위험을 전부 없애야 한다, 즉 모든 것은 죽

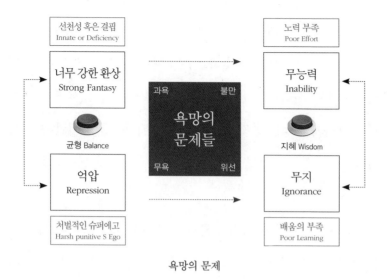

욕망의 문제

어 있어야 한다는 에너지로 의식화되는데, 이를 강박적 욕망이라고 합니다.

세 번째는 무능입니다. 욕망을 실현할 능력 혹은 기반이 부족한 상태이지요. 욕망과 현실 사이의 간극이 큰 상태입니다. 무능은 욕망의 강도에 따른 상대적인 개념입니다. 여러 이유가 있을 것입니다.

네 번째는 무지입니다. 자신의 욕망이 무엇인지를, 또 자신의 욕망이 얼마나 강한지를 알지 못하는 상태입니다. 경험의 부족, 정보의 부족, 지식의 부족입니다. 원래 우리는 무지할 수밖에 없는데 때가 되면 조금씩 알아가야 하고 깨우쳐야 합니다. 그렇지 못하면 인생의 길이 사라진 느낌, 막막하고 어떻게 해야 할지 모르는 상태에 갇히거나 엉뚱한 것에 몰두하면서 에너지를 낭비할 수 있습니다.

과욕과 무기력은 에너지의 균형이 깨져 너무 강하거나 너무 약한 상태가 되는 것이며, 무능과 무지는 적절한 노력과 알아차림이라는 지혜가 부족한 상태입니다. 그러므로 건강한 욕망을 위해서는 균형과 지혜가 필요하겠지요.

그런데 균형은 무엇이며 균형을 잡는다는 것은 어떤 의미로 어떻게 경험될까요? 또 지혜는 어떤 것이며 어떻게 경험되면서 자신의 것이 될까요? 각자의 삶에서 자신만의 답을 찾아야겠지요. 매우 드물게 욕망은 강하지 않지만, 어떤 한 부분에서 탁월한 능력을 지닌 사람들도 있습니다. 소위 천재라고 부르는 사람들입니다.

히스테리와 강박은 양극단의 병리를 대표하는 상징입니다. 여성 인격의 어떤 부분이 과장되고 왜곡된 히스테리는 에로스의 진정한 에너지인 관계가 아니라 관심에만 몰두합니다. 관심은 필요한 에너지이며, 무언가를 시작하기 위해서는 관심이 작동되어야 합니다.

그러나 관심은 관계를 위해 준비하는 에너지이며 결국 관계로 나아가야 합니다. 관심이 관계로 나아갈 때 에너지가 성장하고 발전합니다. 여성 인격의 변형인 히스테리는 자꾸 아래로 내려가려고 합니다. 대지를 뚫고 지하로 내려가는 것이지요. 그래서 비현실적인 에너지가 됩니다.

반면 남성 인격의 어떤 부분이 과장되고 왜곡된 강박은 진정한 로고스의 인격이 아니라 관념에만 몰두합니다. 무언가를 이해하기 위해서 관념과 논리는 필요하지만, 그것이 가진 한계를 알아야 합니다. 무지를 알 때 진실에 조금 더 다가갈 수 있으니까요. 그러나 강박은 위로 올라 가려고만 합니다. 하늘을 뚫고 우주를 향해 올라가는 것이지요. 결국 완벽이 아니라 완벽주의에, 도덕이 아니라 도덕주의에 빠지고 갇히게 됩니다. 그래서 점점 더 완벽과 완전함에서 멀어집니다.

히스테리와 강박은 균형을 잃고 무언가를 향해 일방적으로 몰두하고 집착할 때 그 결과는 의도했던 것과 반대 방향으로 흘러감을 알려주는 대표적인 사례입니다. 욕망과 연관된 구체적인 정신병리를 살펴보겠습니다.

# 3. 시간을 초월하려는 영원한 어린이

욕망은 그것이 실현되는 순간이나 실현되었다고 느끼는 순간, 즉 우리의 의식이 만족하는 순간에 신기루처럼 사라지는 속성이 있습니다. 배고픈 상황에서 밥을 먹었을 때나 가지고 싶었던 물건을 드디어 소유했을 때, 좋아하는 이성과 사귀기 시작했을 때, 목표로 생각했던 시험을 통과했을 때가 그런 때이지요. 그렇게 대부분의 욕망은 어느 정도 만족되면 일시적으로 사라지고 의식은 자유로움을 느낍니다.

그런데 욕망 자체, 특히 순수한 욕망을 신봉하며 추종하는 사람들은 그렇게 자신의 욕망이 사라지는 것을 견디지 못합니다. 그들은 간절히 원하면서도 결코 욕망을 실현시키지 않습니다. 실현하지 않음으로써 욕망을 지속시키는 것입니다. 불만족 상태를 유지시키면서 영원한 욕망eternal desire을 꿈꾸는 것입니다. 불만족과 욕망의 지속을 교환하는 것이지요. 가능성을 남겨놓음으로써 꺼지지 않은 불꽃과 같은 욕망의 원자로를 돌려 끝없이 욕망의 바다를 항해합니다.

겉으로는 낙관주의나 이상주의로 나타나거나 혹은 달관한 듯 초월주의로 표현될 수도 있고 때로는 지극한 순수함과 같은 좋은 에너지로 포장되어 있을 수 있지만, 영원한 욕망의 이면에는 성취에 대한 불안과 자신 없음, 그리고 열등감이 숨어 있습니다.

잦은 좌절, 계속된 예측 실패에 대한 반발과 방어가 작동합니다. 그래서 이들은 완벽주의를 성공으로 이해합니다. 이들에게 어설픈 성취는 성공이 아니라 패배이자 굴욕입니다. 안 하는 것만 못한 것입니다.

성숙한 사람은 충분하지 않더라도 나름의 의미를 가진 적절한 성공에 기뻐하고 경험의 축적이라는 소중한 에너지의 가치를 알아봅니다. 그렇게 해서 시간의 흐름과 함께 성장하고 결국 조금씩 나아갑니다. 그러나 영원한 욕망을 꿈꾸는 이들에게는 어설픈 만족보다는 욕망을 지속할 수 있는 꿈을 계속 꾸는 것이 훨씬 매력적이고 영원한 제국입니다. 몸은 어른이지만 정신세계는 여전히 어린이에 머무르면서 영원한 제국을 꿈꾸는 사람들이 점점 많아지고 있습니다.

20대 후반의 미혼 남성 J의 이야기입니다. 아무것도 하지 않으려는 어른이며 대부분의 시간을 게임하는 데 사용하고 있습니다. 물론 본인도 그러지 않아야 한다는 것을 알고 있습니다. 하지만 무언가를 하는 것이 유난히 귀찮습니다. 오히려 왜 힘들게 살아야 하는지를 반문합니다.

J는 어려서부터 미술을 공부했지만 제대로 열심히 해 본 기억은 별로 없습니다. 대학에도 들어갔지만, 적응이 어렵다는 이유로 그만두었습니다. 그렇게 그는 노력이라는 것에 좋지 않은 느낌이 있지요. 자신도 몇 번 시도를 해봤지만 안 되더라는 것이 그만두게 된 이유입니다. J가 치료를 시작한 지 수개월이 지났을 때 한 말입니다.

"빈둥거리면서 지냈는데… 내가 원하는 것에 대해 생각해 봤어요…. 나는 뭔가를 잘했으면 좋겠어요. 넘버원이 아니면 온리원only one이어야 한다고 생각하고, 그렇지 않으면 의미가 없는 느낌이에요. 저는 만족의 기준이 높은 것 같습니다. 게임이나 그림을 보면 정말 잘하는 사람들은 충격적이에요. 너무나 다른 수준… 도달할 수 없는 경지 같은… 레벨보다는 버전이 나오는 다른 것 같고…. 그림을 그리는 것도 집중하는 시간이 너무 짧습니다. 열심히 한다는 것이 뭔지를 잘 모르는 것 같기도… 보통 사람들은 나름의 만족을 하는 것 같은데… 나는 그렇지 않아요."

오랫동안 삶의 무의미함을 설파하며 냉소적인 태도로 일관하던 J가 자신의 욕망을 인지하고 표현한 것은 긍정적입니다. 그런데 자신이 관심 있는 것을 실현하려고 할 때 큰 벽이 느껴지면서 욕망의 흐름이 약해지고 에너지의 움직임이 둔해지고 있습니다.

바로 여기가 욕망과 현실 사이의 간극이 커지는 지점입니다. 훈련, 연습, 노력, 집중은 양면성을 가지고 있습니다. 고됨과 즐거움이지요. 그런데 J에게는 즐거움과 기쁨이 거의 없습니다. 그의 관심 영역은 그림과 게임, 즉 시각 영역인데 이는 타인의 시선이 중요함을 암시합니다.

내담자  그림을 그리다 보면 뭔가 지치고… 힘이 빠지는데… 아직 갈 길이 멀다는 느낌이에요.

치료자  목표와 멀리 떨어져 있는 느낌인가요?

내담자  네. 목표에 빨리 도달해야 의미가 있어요…. 스무 살에 뭔가를 확실하게 이뤄야 한다고 생각했어요. 빨리 성공의 달콤함을 맛보고 싶었거든요. 어려서부터 천재를 좋아하는 마음이 있었습니다. 초등학교 때는 그렇지 않았는데… 중학교 때부터 만화가로 스무 살에 데뷔하겠다는 생각을 했었습니다. 고등학교 때는 최고가 돼서 돈을 많이 벌어야겠다고 생각했고요. 점차적으로 목표가 커지고 급하게 발전한 것 같아요…. 현실 감각도 점점 사라지고….

치료자 고등학교 때의 기억을 좀 더 떠올려 보면 좋겠어요.

내담자 학원을 다닐 때 전반적인 관리해 주는 선생님이 있었는데… 그 선생님과 꿈에 대해 얘기를 했었는데… 뭔가 허무맹랑한 꿈을 얘기했었어요. 엄청 성공을 해서 청소년들을 위한 재단을 만들어서 목표는 있지만 실천을 못 하는 사람들을 도와주고 싶었다고요. 이 말을 뱉고 나서 나중에 비현실적이라는 것을 느꼈고… 이 일이 자주 생각났습니다.

치료자 목표는 있지만 실천을 못 하는 사람들의 얘기이군요.

내담자 그 당시… 나는 목표가 뚜렷하지 않았으니까… 말이 안 되는 꿈, 가령 우주 비행선을 만들고자 하는 사람들을 도와주는 그런…. 목표로 가는 도움은 못 받았는데… 비범한 성공을 원했던 것 같아요.

치료자 자신과 비슷한 사람을 도우려고 했던 것 같군요.


영원한 욕망은 유아기의 절대적이고 완전하며 이상적인 만족in-fantile narcissism이 성장하면서 변형된 욕망입니다. 자신만을 바라보며 헌신하는 어머니, 즉 모성의 세계라는 에덴동산에서 마음껏 뛰놀게 해 주고 영원할 것 같은 느낌이지요.

영원한 욕망은 유아기 욕망의 성인 버전이라고 할 수 있습니다.

그들은 욕망을 현실화시키지 않음으로써, 욕망을 현실과 완전히 분리시켜 불만족 상태에 머무르면서 동시에 욕망을 지속시킵니다. 욕망과 현실이 함께 있지 못하도록 완전히 차단하는 것입니다. 이것이야말로 완전한 고립이며 단절입니다.

영원한 욕망이 작동할 때 욕망과 달리 실제 삶은 고립되고 단절되면서 욕망에서 멀어집니다. 그러나 영원한 욕망은 선언합니다. "내가 영원히 욕망하는 한 나는 절대로 지지 않아! 나는 영원한 존재야!"라고.

욕망의 영원성을 갈망하는 것은 이별에 대한 거부입니다. 영원성을 상징하는 모성과의 준비되지 않은 단절에 대한 불안이 영원한 욕망으로 왜곡되어 나타나기 때문입니다. 그런 면에서 영원한 욕망을 욕망하는 사람은 영원한 어린이라고 볼 수 있습니다. 만약 자신의 상상과 욕망을 자신만의 방식으로 표현할 수 있는 어떤 능력이 있다면 그는 예술가로 살게 될 것입니다. 어린이의 세계, 영원성, 불멸성, 창조성을 그려내는 작가가 되는 것이지요.

# 4. 완벽이 끌리는 이유

    완벽함을 원하는 마음을 가져 보지 않은 사람은 없을 것입니다. 완벽함이라는 것이 무엇일까요? 우리는 무엇을 완벽하다고 인식할까요? 흔히 최고가 되는 것, 1등을 하는 것, 일이나 작업에서 실수가 없는 것, 모든 사람에게 인정을 받는 것 등 자신이 세운 어떤 기준을 빈틈없이 만족시킬 때 우리는 완벽에 가깝다고 느낍니다. 각자의 현실에서 한계와 좌절과의 만남이 잦으면 잦을수록 그에게 완벽함, 완벽주의는 매력적인 목표로 다가옵니다.

    완벽주의, 완벽함에 대한 신경증적 욕구는 다양한 양상을 보입니다. 완전성에 대한 무자비한 추구, 현미경을 들이대어 가능한 결점을 찾고 자기를 비난하는 것, 주관적 완전함으로 인해 타인에 대한 우월함을 느끼는 것, 비난이나 수치에 대한 과도한 두려움, 당연한 결점의 발견이나 사소한 실수에 대한 병적인 두려움은 완벽함에 대한 신경증적 욕구를 반영합니다.

균형과 대칭, 만다라mandala(마법의 원이라는 뜻을 가진 산스크리트 단어, 분석심리학에선 일종의 치료적 원형상으로 봄)와 같은 원圓은 완벽을 상징합니다. 인지과학적으로 말하자면 예측 오류의 가능성이 사라지는 상태이며, 열역학적으로 표현하면 최대한 낮은 엔트로피의 상태, 적은 경우의 수라고 하겠습니다.

균형과 대칭이 주는 안정감은 내면의 공백이 없어지는 느낌을 불러일으킵니다. 균형과 대칭은 본능적으로 안정감을 주고 아름다움을 느끼게 합니다. 인간은 아이일수록 대칭적인 모습을 가지고 있으며 드러나는 표정과 행위의 수도 적습니다. 그래서 균형과 대칭은 생명입니다. 단순하면서도 엄청난 가능성과 잠재력이 펼쳐질 수 있는 낮은 엔트로피의 상태이기도 하지요. 그렇게 흠이 없는 완전함, 완벽함은 우리를 끌어당기는 매력을 가지고 있습니다.

결핍이나 불만이 많을수록, 내적인 불안이 클수록 완벽함이라는 에너지가 자아를 끌어당기는 힘은 점점 강해집니다. 그런데 완벽함을 향한 욕망에 집착하고 완벽함이 현실이어야만 한다고 고집한다면 자신의 욕망과는 전혀 다른 결과인 완벽주의, 강박증, 우울증과 같은 병리적 현상이 따라옵니다.


여성의 피부 빛깔은 월경 주기에 걸쳐 변화하며 배란기에 가장 엷어진다. 또한 배란이 가까워 오면 피부 아래 혈관이 팽창하여 남성들로 하여금 여성이 "빛나는" 것처럼 느끼게 만든다. 여성은 또한 배란기에 가슴이나 귀와 같은 부드러운 조직들이 더 대칭적으로 변한다. 피부 변화에서 대칭을 거쳐 허리 대 엉덩이 비율에 이르는 이 모든 단서들은 잠재적으로 관찰 가능하며 남성들에게 성적 매력을 호소하는 것으로 알려져 있다.[12]


　진화적으로도 대칭은 이성을 끌어당기는 강력한 에너지입니다. 여성들도 좌우로 떡 벌어진 어깨를 가진 남성에게 끌린다고 하지요. 이상에의 추구, 본향本鄕에의 회귀처럼 완벽을 향한 욕망은 본능처럼 강하게 우리를 끌어당깁니다. 결핍이 클수록, 내면 에너지가 부정적으로 느껴질수록 이 욕망은 강해집니다.

　성장하면서 어떤 이유로 공백이 커지고 이상을 향한 열망을 의식에게 요구하기 시작할 때 잃어버린 낙원을 찾아서, 이데아를 향해서, 파라다이스와 유토피아를 향해서, 천국을 향한 순례자와 같은 에너지가 내면에 가득 차게 됩니다. 그렇게 이상과 완벽은 공

---

12 『욕망의 진화』 데이비드 버스, 사이언스북스, 2007, p476

백과 결여와 함께 움직입니다.

자꾸 노랫소리가 들려서 공부가 제대로 안 된다는 고3 여학생 M의 이야기입니다. 사실 증상은 중학교 2학년 때부터 생겼는데 누구에게도 말하지 않고 혼자 고민해 왔다고 합니다. 그러다가 고3이 되자 공부에 대한 압박을 느끼게 되었는데, 노랫소리가 더 강해지고 우울증까지 겹치면서 병원을 찾게 되었습니다.

두 번째 면담에서 조금 더 자세한 상황을 알게 되었습니다. 생각해 보니 7살 무렵에 양손을 균형 있게 사용하려는 강박이 있었음을 기억해 냈지요. 또 그 무렵 보도블록의 선을 밟지 않으려는 강박도 꽤 오랫동안 있었다고 했습니다.

"그때는 노력으로 고쳤는데… 이상하게 노랫소리는 안 돼요."

M의 강박증은 생각보다 오랜 역사가 있었습니다. 강박을 일으키는 어떤 에너지가 오래전부터 있어 온 것이죠. 상황에 따라 모습을 바꾸어 가면서 나타났던 것입니다. 그래서 고민스럽습니다. M은 이렇게 물었습니다. "만약 노랫소리가 사라지면 다른 증상이 나타나지 않을까요?" 훌륭한 질문입니다.

핵심은 강박 증상의 제거가 아니라, 강박 증상 아래에 있는 본연의 에너지입니다. 강박을 일으키는 대칭과 균형의 에너지, 완벽하려는 에너지와 자신의 의지 혹은 의식과의 관계가 중요합니다. 세번째 면담에서의 대화입니다.


내담자 생각해 보니까 강박과 나의 관계는 아주 가까운 것 같아요. 어떤 생각이 나고… 그 생각을 안 하려고 하면 꼭 그 생각이 다시 떠올라요. 그럴 때는 그 생각을 안 하려고 해도 잘 안 돼요.

치료자 가령 어떤 생각이 그런 것일까요?

내담자 아파트를 보면서 사람이 떨어지는 상상을 하는 뭐 이런 아주 이상한 생각이죠.

치료자 한쪽에는 본능, 충동적 상상, 랜덤하고 무질서한 생각이 있네요. 그리고 그 반대쪽엔 균형, 대칭, 정돈이 있고.

내담자 혹시… 내가 실패나 정상에서 벗어나는 것을 두려워하는 것이 아닌가 하는 생각이 드네요. 나는 어려서부터 겁이 많았어요. (M은 자신의 어린 시절에 대한 기억을 말하였다.)

치료자 어린 시절부터 어떤 불균형, 불안정, 위험을 느끼기 시작했고, 반대급부로 안정과 균형에 집착하게 된 것 같군요.

내담자 맞아요. 저는 지금도 세상이 안전하게 느껴지지 않아요. 뭔가 불확실하고 불안정한 느낌이랄까…. 노랫소리가 들리는 것이 공부할 때 심해지는데… 뭔가 복기하려는 경향이 아닐까요. 어쩌면 꿈처럼 마구 송출되는 것도 같고… 불확실한 것을 막는 느낌도 들어요.

치료자 공부할 때 잘 모르는 것, 불확실한 정보를 차단하고 확실히 아는 느낌을 주는 노래를 붙잡는 것, 불안에 대한 방어이군요.

내담자 정말 그런 것 같아요…. 그러면 앞으로 어떻게 해야 할까요….

M은 어려서부터 불확실한 것과 불안한 것을 싫어했습니다. 공부하면 모르는 것이 나올 수밖에 없고, 그것이 불확실성을 너무 강하게 자극하다 보니 노래를 통해 피하려는 것이었음을 알게 되었습니다. 여섯 번째 면담입니다.

내담자 나는 뜬금없는 호기심… 무질서한 생각들이 너무 많아요. 특히 밤이 되면 더 심하게. 그런데 사실 망상도 자주 해요. 세계적인 록스타가 되어 공연하는 상상을 아주 실제처럼 생생하게 하곤 해요…. 제가 이상한 거죠?

치료자 흥미 있는 이야기네요. 주로 어떤 음악을 상상하나요?

내담자 너바나 같은 음악이요…. 록 음악이 좋아요.

치료자 너바나라는 것이 흥미롭군요. M양에게 있는 기본적인 에너지는 엔트로피를 확장시키고 랜덤성을 팽창시키는 에너지 같아요. 그런데 자꾸 엔트로피를 없애려는 강박이라는 에너지가 동시에 작동하는군요.

내담자 나 자신에 대해 너무 이해가 돼요…. 평소에 나는 평화적인 사람이라고 생각해 왔는데… 어렸을 때 동생을 많이 때렸다고 해요…. 지금도 가끔 길에서 갑자기 지나가는 사람들을 때리고 싶은 충동이 들곤 해

요. 갑자기 소리 지르고 싶은 충동… 반사회적인 행동을 하고 싶은 충
동 같은 거예요….

치료자 무질서를 향해… 즉 엔트로피를 팽창시키고 싶은 에너지로 볼 수 있
겠네요.

내담자 정말 그런 것 같아요….

치료자 강렬하게 대립하는 두 에너지를 잘 살펴보면 좋겠어요.


무질서를 향한 충동, 공격성을 표출해서 뭔가 파괴하고 싶은 에
너지와 그것을 막으려는 강박이 오래전부터 내면에서 대립해왔음
을 이해하게 하는 면담입니다. 파괴, 무질서와 대칭과 균형이라는
낮은 엔트로피가 마치 카오스와 코스모스의 대립처럼 내면에서
오랫동안 대립해 왔습니다.

갑자기 튀어나온 '너바나라는 록그룹을 좋아한다'는 이야기는
너무 신비로운 순간입니다. 너바나는 열반 원칙nirvana principle이
라는 타나토스이자 동시에 완벽한 질서, 코스모스를 상징하는 기
표이기 때문입니다. 거칠고 정돈되지 않은 무언가를 느끼고 싶으
면서도 한편으로는 마음의 혼란을 잠재우고 싶은 M의 무의식이
너바나에게 끌렸을 것이고, 면담 상황에서 동시성적으로 표출되
면서 무의식을 볼 수 있는 맑은 창을 열어 주었지요.

완벽함이라는 것이 존재할까요? 적어도 인간세계나 현실 세계에 그런 것은 없을 것입니다. 완벽함은 그 자체로 고정된 어떤 상태여야 하는데 현실의 모든 것은 흘러가고 변화합니다. 완벽함은 일종의 이데아이며 우리의 생각 속에만, 즉 관념적으로 존재하는 에덴동산 같은 것입니다.

앞에서 언급했듯이 마음은 환상을 좇으므로 우리는 완벽함을 추종합니다. 완벽에 가까워진 순간의 느낌을 완벽한 실체로 둔갑시켜 우리의 마음속에 저장하곤 하지요. 과거의 어느 한 시점을 사진으로 박제시켜 보관하는 것과 같습니다. 사진은 한순간의 상태이고 그 시절의 한 조각에 불과하지만 마치 과거의 전부인 것처럼 기억 속에 저장됩니다. 완벽을 향한 욕망은 세이렌Siren처럼 우리를 끌어당기는 매력이 있습니다.


영원한 욕망과 완벽주의는 유아적 욕망의 대표적인 에너지입니다. 완벽함을 추구하다 보면 엉뚱한 곳에서 커다란 구멍이 생깁니다. 자꾸 의식되는 감염이나 더러움을 피하고자 강박적으로 손 씻기에 몰두하는 사람들은 의외로 얼굴이나 본인의 방이 지저분한 경우가 많습니다.

인간은 그런 존재이지요. 어이없는 모순이야말로 인간다움의

한 부분으로 볼 수 있습니다. 문제는 그런 자신을 인정하지 않고 사랑하지 않으려는 마음이겠지요.

균형, 대칭, 질서의 의미에 대해서 조금 더 생각해 봅시다. 예를 들어 쇼핑을 하거나 비행기 표를 구매할 때 자신이 제대로 선택했는지, 더 나은 선택은 없었는지 너무 많이 확인하고 반복하면서 시간과 에너지를 소모하는 사람들이 있습니다. 실수가 없었는지, 효율성이 제대로 있는지, 최적화된 선택이었는지를 계속 생각합니다. 실수와 불확실성을 최소화하고 필사적으로 거부하려는 마음이지요.

열역학적으로는 경우의 수를 최소화하려는, 즉 엔트로피를 낮추려는 시도입니다. 완전히 정리되고 안정된 상태cosmos를 지향하려는 에너지이지요. 문제는 그러한 완벽함, 제로에 가까운 엔트로피가 실재할 가능성입니다. 현실에서는 국소적으로 엔트로피가 낮을 수 있지만, 그럴 때 다른 쪽에서는 엔트로피가 급격하게 상승합니다. 엔트로피, 즉 무질서도는 계속 증가한다는 것이 열역학 제2법칙이니까요.

어릴 때의 시간이 얼마나 무질서와 혼란, 카오스의 상태였고 그것이 불편했으면 그 반발로 이렇게까지 코스모스의 세계를 추구하고 집착하려고 하는 것일까요? 카오스를 느끼게 하는 어떤 환경에 대한 반발로 코스모스를 갈망하면서 고착될 때 강박증, 특히 대칭 강박symmetry obsession, 확인 강박checking obsession이 생겨납니다. 어머니, 즉 모성과의 관계에서 너무 만족했기에 그것에 안주하려는 과정에서 강박이 생기는 경우도 있지만 극히 드뭅니다.

오래 지속되는 강박chronic severe obsession이라는 거대한 병리는 반발과 적개심이라는 에너지가 필요합니다. 적개심과 공격성은 자신의 욕망을 더욱 부정적으로 느끼게 하므로 방어해야 할 필요가 커집니다. 외부의 거대한 힘과 권력에 의한 거세나 굴종 경험도 강박증 환자들의 내면에서 흔히 관찰됩니다. 그래서 적개심이 강해집니다.

강박증을 앓는 환자들이 가지고 있는 어린 시절의 느낌은 가상 혹은 실제 모성과의 관계에서 코스모스가 산산이 깨진 느낌, 에덴동산에서 쫓겨난 느낌입니다. 이 느낌은 거센 모성에 의해서 혹은 어머니와의 관계를 위협하는 아버지와의 관계에서 생겨납니다.

그것에 대한 반발로 또 다른 모성, 이상적인 모성, 코스모스가 등장합니다. 현실의 파괴적이고 혹독한 모성 혹은 어머니와의 관계를 방해하는 아버지나 형제, 남매들을 대체하는 이상적이고 완벽한 모성의 세계를 꿈꾸는 것이지요.

대칭과 균형, 즉 코스모스를 갈망하는 에너지는 모성 원형에서 나옵니다. 원형이 개입된 증상이므로 심한 강박증의 치료는 쉽지 않습니다. 현실의 카오스와 내면의 코스모스가 대립하고 갈등하면서 에너지는 자꾸 소진됩니다.

무질서와 카오스는 마음을 불안정하게 하면서 의식을 괴롭히고, 자꾸 질서와 코스모스를 향해 나아가 강박과 완전함을 향해 달려가게 만듭니다. 하지만 삶의 본질적인 에너지는 무질서와 카오스, 즉 공백과 결여에서 나옵니다. 질서는 정지이고 죽음입니다. 무질서와 공백을 사랑해야 하는 이유입니다.

## 5. 충돌하는 마음

마음이 가진 구조적인 대극성은 욕망의 표출에도 반영됩니다. 서로 반대되는 에너지가 동시에 드러나는 것이죠. 가령 어떤 사람에게 의존하고 싶으면서 동시에 그 사람을 몹시 미워합니다. 겉으로는 매달리고 의존하면서도 사실은 통제하고 지배하려고 합니다. 자신의 매우 주관적인 감정을 타인이 전적으로 공감해 주기를 바랍니다. 표현하지 않더라도 충분히 깊게 이해해 주기를 원합니다.

그러나 타인의 인정이나 칭찬을 갈망하면서도 막상 받으면 불편합니다. 사람들에게 매우 높은 수준의 기대를 하면서, 실망스러운 대상을 발견하면 매몰차게 비난합니다. 모순된 욕망입니다. 정확하고 엄격한 기준으로 어떤 판단을 내리고 있는 것처럼 보이지만, 사실은 자신과 타인에 적용하는 기준이 교묘하게 다르고 이중적입니다. 요즘에는 '내로남불(내가 하면 로맨스 남이 하면 불륜의 줄임말)'이라고도 하지요. 자신의 모순을 의식하지 못할 때 드러나는 슬픈 자화상입니다.

마음의 대극성으로 인해 우리는 누구나 어느 정도의 모순을 가지고 있습니다. 무한한 자유로움을 느끼고 싶어 하면서도 엄격한 틀로 통제하려는 마음, 수고하지 않고도 뛰어난 결과가 생기기를 바라는 마음, 만족하더라도 지속되는 욕망, 양극단의 동시 만족, 이중 구속double bind(피하기 힘든 상황에서 힘을 가진 사람이 모순된 메시지를 반복적으로 주입하는 것. 예를 들어 아이에게 놀라고 하면서 성적이 떨어지면 심하게 실망하는 부모의 태도) 등도 흔히 보는 모순된 욕망이지요.

모순된 욕망을 동시에 원한다는 것은 무엇을 의미할까요? 양극단 혹은 대극적인 욕망을 동시에 만족시키려는 마음입니다. 한쪽의 부재나 불만을 인정할 수 없고 완전함과 완벽함을 원하는 것입니다.

욕망을 충족시키는 과정에서 느낄 수 있는 미안함, 허무함, 자책감을 완전히 없애고 싶다는 것이고, 문제가 생기지 않고 에너지를 낭비하지 않으면서 충분히 만족하고 싶다는 마음입니다. 정신분석적으로는 이드도 슈퍼에고도 모두 만족하는 상태를 원하는 것입니다.

사실은 충분한 힘을 가지지 못하고 눈치를 봐야 하는 자아가 양쪽 모두를 들어주겠다고 고집을 부리는 모양새입니다. 적대적인 강대국 사이에 끼어 있는 약소국이 양쪽 강대국을 모두 만족시키겠다는 것과 비슷합니다. 결국, 둘 모두는커녕 어느 한쪽도 제대로 만족시키지는 못하게 되지요.

완전함을 원한다는 면에서 완벽주의, 강박증과 비슷하지만, 이들은 완벽함과 완전함을 추구하면서도 그러한 자신의 욕망을 의심합니다. 그래서 의식적으로 명확한 어떤 입장을 가지지 못하는 차이를 보입니다.


좋은 것들을 가졌음에도 심한 우울증을 겪고 있는 30대 초반의 미혼 여성 W의 이야기입니다. 1남1녀 중 첫째로 성장한 W는 어려서부터 명석하였고 학업 성취가 남달라서 기대가 컸던 딸이었습니다. 그럼에도 W의 어머니는 걱정이 많았습니다. 성적은 좋았지만, 딸이 열심히 하지 않는 것처럼 보였고 잡다한 것에 관심이 많다고 느꼈기 때문입니다.

어머니는 겁을 주고 위협하면서 공부를 시켰다고 했습니다. W는 그게 무서워서 공부를 했다고 솔직하게 말했습니다. W는 성적이 뛰어나서 좋은 대학에 진학할 수 있었고, 졸업 후 누구나 부러워할 만한 전문직을 가지게 되었습니다. 그런데 언제부터인가 감정의 기복이 나타나기 시작했고 급기야 극심한 무기력증과 우울증이 생겼으며 일에 집중하기 어려울 정도로 악화되었습니다.

"왜 사는지 모르겠어요. 답답하고 화가 나지만… 힘들어하고 최선을 다한 어머니의 마음이 이해도 되고… 내가 어떻게 해야 할지 모르겠어요."

W는 머릿속에 너무 생각이 많아서 힘들다고 했습니다. 면담하면서 생각을 살펴보니 목표를 정해서 열성적으로 노력해야 한다는 마음과 자유롭고 여유롭게 살고 싶다는 마음이 강력하게 맞서고 있었습니다. 앞의 마음은 어머니의 욕망이며, 뒤의 마음은 자신의 욕망인 것으로 보입니다. 그리고 두 욕망 사이에서 힘들어합니다.

W의 무의식에서는 어머니의 욕망인 로고스와 아니무스 그리고 자신의 욕망인 에로스와 아니마가 대립하고 있습니다. 두 에너지

의 대립과 충돌에서 잡념과 소란스러운 생각만 많아지면서 에너지가 소모되고 있었습니다.

내면의 에너지가 충분히 이해되는 것, 두 에너지 사이의 갈등이 줄어드는 것, 현실에서 어머니와의 관계에 적절한 거리가 생기면서 편안해지는 것은 동시에 일어날 것입니다. 전문직, 괜찮은 친구들, 가족이 있음에도 W는 자신의 삶에서 의미를 느끼지 못하고 있습니다. 다른 사람에 의해 부여된 역할이 아니라 자신의 내면에서, 자신의 욕망에서 시작된 의미가 느껴져야 합니다. 그래야 자신의 삶이 운명처럼 다가오고 받아들일 수 있게 됩니다. 그러기 위해서는 현실을 유지하면서도 가능한 내면으로 들어가야 합니다. 치료자는 이 여정의 안내자가 되겠지요.


대극성을 가진 마음은 항상 부딪히고 충돌하기 마련인데, 욕망도 그렇습니다. 서로 반대 방향을 향하려는 욕망이 부딪히는 상황은 그 자체로 충분한 비극입니다. 비극은 서로 각자의 정당성을 가진 에너지가 정면충돌하는 것입니다. 그때 가장 중요한 것은 각각의 욕망을 있는 그대로 이해하는 것, 충돌하는 욕망의 공존이라는 과제입니다.

그럼에도 욕망, 느낌, 이미지라는 에너지는 너무 강합니다. 상반된 두 에너지는 초식동물을 향해 덮쳐오는 맹수처럼 의식을 공격합니다. 그래서 실제처럼 다가오지만, 그것은 결코 실제일 수 없습니다.

과거의 트라우마로 인해서 혹은 타고난 민감성 때문에 내면에서 원래 강한 느낌과 이미지가 더욱 선명하고 뚜렷하게 다가올 수 있습니다. 그러면 그 느낌은 현실이 되고 자신의 실제가 됩니다.

예를 들자면 통제하고 '싶다'는 느낌이 통제하고 '있다'는 현실로 둔갑하는 것이지요. 잘못될 것 같은 느낌이 잘못되었다는 사실로 변신합니다. '안 좋은 일이 일어날지도 모르겠다.'라는 생각이 반드시 일어날 것처럼 느껴집니다. 의식은 믿어지는 사실 속에 갇히게 됩니다.


상반되는 에너지가 격렬하게 대립하는 내면 세계를 가진 10대 후반 T의 이야기입니다. 그는 병원에 오기 전 수년간을 집에서만, 그것도 자신의 방에서만 지내왔습니다. 그래야만 했던 이유는 다른 사람들이나 세상이 너무 싫고 두려웠기 때문입니다.

결국 고1 때 학교를 그만두었고, 이후로 집에서도 가족들과 대화를 끊고 자신의 방에서만 두문불출하였습니다. 어렵사리 치료자를 찾아왔고, 쉽지 않은 치료 여정이 시작되었습니다. 면담에서도 표현하기를 꺼려 했고 자신을 드러내기까지 많은 시간이 필요했습니다. 치료 시작 얼마 후 극도의 불안과 우울을 호소하면서 자살할 의도를 드러냈습니다. 위기 상황이었지요. 함께 우울함을 견뎌야 했고 답답하고 불안하며 고통스러운 시간이 흘렀습니다.

다행히 T는 애니메이션에 꽤 관심이 있었고 매우 좋아하는 성우가 있었습니다. T는 장래의 목표를 정하는 모습을 보였고, 성우 학원을 다니며 보컬 트레이닝과 피아노, 작곡 공부를 시작하였지요. 그런데 난제가 생겼습니다. 꽤 시간이 지났는데도 뭔가 제대로 되지 않는 느낌, 발전이 없는 느낌이었지요. 그래서 다시 힘들어했습니다.


서른네 번째 면담에서 중요한 것들이 확인되면서 공유하는 시간이 찾아왔습니다. 보컬 트레이닝에서의 문제는 소리를 밖으로 내는 것이 어려운 것이었지요. T는 무언가가 안에서 소리가 나가지 못하도록 붙잡고 있는 느낌이라고 하였습니다. 그것은 '밖에서 내 목소리를 들으면 안 돼'라는 내면의 목소리와 연관되어 있었습니다.

이런 생각은 세상과 타인에 대한 뿌리 깊은 불신이며, 자신의 중요한 정보가 새어나가면 안 좋은 일이 생길 것이라는 신념과 강하게 결합한 것이었지요. 그래서 가능한 한 말을 하지 않으려는 습관이 생겼던 것입니다.

T는 이 부분에서 딜레마에 빠져 있습니다. 자신의 꿈을 위해서 목소리를 내야 하면서도 내서는 안 되는 상황이지요. 아직 T는 어떻게 해야 할지 모르겠다고 했습니다. 바로 여기에서 자신만의 방법을 찾아내는 것이 T의 과제이고, 삶이 예술이 되는 순간일 것입니다.


이 이야기는 많은 것을 말합니다. T는 밖에서 공부하고 집에 돌아오면 너무 피곤해서 뻗게 된다고 합니다. 포식자와 공격자가 우글거리는 밖에서 너무 긴장하였다가 본인의 방에 들어오면 확 풀리는 것인데, 두 공간에서 느끼는 에너지의 차이가 너무 큰 것이지요.

얼마 전에는 새로 산 기타 줄이 갑자기 끊어져서 스트레스를 받았다고 합니다. 신기한 것은 기타 줄을 풀 때 끊어진 것이라고 했습니다. T의 마음은 얼마 전 끊어졌던 기타 줄과 같았습니다. 긴장했다가 집에 와서 긴장을 풀 때 끊어지듯이 에너지가 사라지곤 합니다. 기타 줄이 끊어진 사건을 통해 자신의 생활과 내면 에너지의 흐름을 이해할 수 있었지요.

목소리를 내는 것과 내지 않아야 하는 것 사이에서 그리고 집 밖의 공간과 내 방에서 느끼는 커다란 간극에서 자신의 길을 찾아내는 것, 그것이 T의 욕망이며 T의 운명이 아닐까요?

# 6. 나는 소망한다, 내게 금지된 것을

환상만을 욕망하는 사람들이 있습니다. 원래 욕망은 본질적으로 불가능한 환상을 좇는 속성을 가지지만, 이들은 유독 불가능한 것이나 금지된 것을 욕망하려고 합니다. 어려운 것, 불가능한 목표, 불가능한 대상으로 가득 찬 자신만의 세계를 만들고 그 욕망의 세계에서 살아갑니다.

대부분 환상은 수면 아래에 있고, 의식으로는 환상의 작은 부분만이 전달됩니다. 그러나 환상적 욕망에 사로잡혀 있으면 의식되는 욕망은 대부분 환상이며 그곳을 향해 달려가게 만듭니다.

환상의 내용은 사람마다 차이가 있지만 금지된 것, 소위 터부를 원하는 경우가 있습니다. 선악과를 먹은 이브처럼, 상자를 연 판도라처럼, 동화에 나오는 청개구리처럼 우리의 의식에는 절대적으로 느껴지는 것에 반대하려는 성향이 있습니다. 강력한 에너지에 대한 반발력 같은 것이지요.

당연히 내면에서는 갈등과 두려움이 일어납니다. 원하고 끌리는데도 그것을 해서는 안 되는 느낌이 강해지니까요. 이런 면에서는 앞서 언급한 모순된 양가적 욕망과 비슷하기도 합니다. 모순된 양가적 욕망은 그 사이에서 괴로워하며 에너지를 소모하는 반면, 환상과 터부를 욕망하는 사람들은 계속 그것을 좇는다는 면에서 분명한 차이를 보입니다.

한편으로는 영원한 욕망과 비슷한 심리 상태인데, 영원한 욕망이 시간적으로 계속되는 욕망의 상태를 원하면서 실제로는 수동적인 상태를 보인다면, 환상적 욕망은 욕망의 내용과 대상에 집중하고 실제로도 집착하려는 경향을 보입니다.


불가능을 욕망하는 이들은 무지개 탐험가이자 파랑새 추적자들입니다. 정말 만족하려고 하는 것인지 위험을 추구하려는 것인지 쉽게 구별되지 않습니다. 이들은 고된 운명의 강을 거슬러 가는 고생 수집자의 삶을 살아갑니다.

능력이 크지 않다면 드러나는 문제가 적어서 큰 주목을 받지는 않습니다. 기꺼이 고난과 고통을 감수하며 살기도 합니다. 그러나 환상을 어느 정도 구현할 수 있는 현실적인 능력이 있을 때, 과대 망상에 끌려다닐 때, 내면에 해결되지 않은 적대감을 가지고 있을 때는 커다란 사고가 생기곤 합니다. 섣부른 혁명가 혹은 사이비 종교의 창시자들이 그런 사람들이지요. 세상을 바꾸는 새로운 기술을 선전하며 대형 금융 사고를 일으키기도 합니다.

이들의 무의식에는 유아적 세계관과 강렬한 내적 환상이 살아 있으며, 이성 부모에 대한 성애가 해결되지 않은 경우가 많아서 성적 지향성이나 주체성에서 일반적이지 않은 경향을 보이고는 합니다.

욕망의 에너지가 동성을 향하거나 특이한 상황이나 대상에서만 만족을 얻는 취향을 가질 수도 있습니다. 동성애나 성적 도착para-philia이 그런 것인데, 물론 모든 동성애가 그런 것은 아닙니다. 성 주체성장애gender identity disorder의 일부에서도 이러한 병리가 발견되곤 합니다.

갑작스러운 공황발작을 경험한 40대 후반의 미혼 여성 C의 이야기입니다. 특별한 문제 없이 잘 지내왔는데 40대 후반에 갑작스럽게 공황발작이 찾아왔습니다. 감당하기 힘든 엄청난 불안의 공습이었지요. 왜 갑자기 그렇게 큰 불안이 생겨났을까요?

몇 년 전부터 조금씩 불안감은 느꼈지만 생활에 지장은 없었는데, 공황발작이 수차례 생기면서 불안을 견디기 어려웠다고 합니다. 좋아하던 운전도 못 하게 되었는데, 특히 고속도로가 힘들다고 하였지요. 고속도로에 가면 몸이 붕 뜨면서 끝이 없는 블랙홀에 빠져들면서 자신이 사라지는 느낌이 너무 무섭다고 합니다. 그럴 때는 마치 온몸에서 피가 모두 빠져나가는 느낌이 든다고 했습니다. 호흡곤란, 빈맥 그리고 죽을 것 같은 공포가 엄습해 몇 번이나 응급실을 찾기도 했습니다.

심리 치료를 하면서 어려서부터 막연히 죽음에 관해 생각했다는 기억을 떠올렸습니다. 그럴 때는 심장이 덜컹했다고 합니다. 마음속 깊은 곳에선 무언가 부딪히고 갈등하는 느낌도 있는데 구체적으로는 잘 모르겠다고 하였습니다.

유년기의 또 다른 기억은 아버지의 사업이 잘되지 않아서 경제적으로 넉넉하지 못한 것이 몹시 부끄러웠다는 것입니다. 아버지는 항상 기다리라고 말하고는 했는데, 언제부턴가 눈앞에 보이지 않으면 믿지 않게 되었고 기다리라는 말이 싫었다고 합니다.

부끄러움이나 불만을 표현하지는 않았고 그냥 체념했다고 기억하고 있었습니다. 억압한 것이지요. 여기에서 고속도로를 싫어하는 이유가 연상되었습니다. 고속도로에서 느껴지는 휑하게 뚫린 기분이 무언가 불확실하고 그것에 빨려 들어갈 것 같은 불안을 일으킨다고 했습니다.

또 생각해 보니 돈을 벌기 시작하면서 가장 먼저 가구나 가전제품을 사서 집안을 채우려고 했다고 했지요. 무의식 안에 숨어 있는 불확실성과 공백을 느끼게 하는 이야기입니다. 유년기부터 부성의 공백이 있고 그것이 어떤 작용을 하고 있음은 분명합니다.

C는 막내로 자랐는데 아버지와 보낸 시간이 부족했고, 아버지의 말과는 차이가 큰 집안 사정으로 인한 균열도 컸습니다. 아버지는 환자가 37세 때 돌아가셨습니다.


부성, 물질적 능력의 결핍과 공백이 분명했으나, C는 그것을 회피하거나 물질로 채우면서 방어해 왔습니다. 40대 후반이 되자 억압되었던 공백이 확장되기 시작합니다. 여성으로서 나이가 들어가는 것도 큰 영향을 주었겠지요.

주위에서 다가오는 남성들도 많았는데, 그녀의 연애 방식은 꽤 독특했습니다. 우선 결혼을 고려하지 않는 것이며, 한 사람과의 관계에서 충분한 만족을 느끼지 못하는 것입니다. 가끔은 동시에 두 남성을 만나기도 합니다. 이것은 일반적으로 남성 인격의 연애 방식입니다. 정신적인 것과 육체적인 것을 분리시킨다는 면이 그런 것이며, 오빠가 두 명이나 있음에도 경제적으로 어머니를 돌보고 있다는 것도 아버지의 역할입니다.

C는 생활에서 또 애정 관계에서 아버지처럼 살고 있습니다. 하지만 아버지가 되지는 못합니다. 여성이기도 하지만, 아버지에 대한 강력한 양가감정이 작동하고 있기 때문으로 짐작됩니다.

그녀는 자신도 모르게 아버지처럼 살아왔습니다. 그러면서 마음속에 불확실함과 공백이 꿈틀거렸지만 억압하면서 지내왔습니다. 그런데 나이가 들어가면서 불확실함과 공백이 의식으로 올라오기 시작했습니다. 공백이 폭발하면서 공황장애가 생겼습니다.

C는 고통을 받았지만, 이 증상이 무의식에서 스스로의 삶에 대해 다시 생각해 보라는 신호였음을 심리 치료를 통해 깨닫고 있습니다. 아버지와 아버지의 인격을 욕망하면서도 욕망해서는 안 되는 마음이 강렬하게 대립하고 있었음을 보게 됩니다.

# 7. 나를 파괴할 권리는 없다

욕망이 작동하면 그 내용이나 방향이 너무 부정적이고 파괴적인데, 그것이 자신을 향하면 자학 혹은 피학증masochism이 나타납니다. 이들은 부정적인 상상을 많이 합니다. 자신이 가지고 있는 에너지가 나쁜 것이라고 믿습니다.

여기서 끝나지 않고 그런 자신을 처벌해야 합니다. 자신의 내면에 대한 부정적인 느낌은 세상과 타인에 대한 부정적인 느낌으로 쉽게 투사됩니다. 사람들과 있는 것이 불편해지므로 인간관계는 자꾸 위축됩니다. 정신적으로 혹은 신체적으로 자신을 학대하고 손상시킵니다.

갑자기 자신에 대한 분노와 불만이 폭발하기도 하지만, 서서히 그리고 꾸준하게 자기를 파괴하기도 합니다. 너무 어렵고 무모한 목표에 도전하면서 실패를 반복하거나, 자신과 어울리지 않는 사람을 만나면서 그 관계 속에서 자존감을 떨어뜨리며 자신을 공격합니다. 알코올이나 약물에 중독되면서 자신을 파괴하기도 합니다.

사실 이들의 내면에는 에너지가 많습니다. 그런데 그 에너지가 주로 폭력이나 범죄처럼 어둡고 음습한 에너지로 느껴집니다. 자신의 내면이 마음에 들지 않을뿐더러 두렵기도 합니다. 자꾸 부정적인 느낌이 올라오는데, 그 에너지를 억제하거나 다른 곳으로 돌리기도 어렵습니다. 이러한 상태가 오래 지속되다 보면 부정적 욕망, 자기 파괴적 욕망이 강해지고 응축됩니다.

부모는 걱정 혹은 다른 이유를 들면서 이들을 야단치고 혼내기 쉽습니다. 스승이나 선배와의 관계에서도 비슷한 마찰이 생기곤 합니다. 이들에게 내면의 부정적인 느낌만큼이나 관계에서도 부정적인 경험이 점점 쌓여갑니다.

정신분석의 관점에서는 슈퍼에고, 그것도 너무 경직되고 처벌적인 슈퍼에고가 의식을 완전히 지배하는 상황입니다. 많은 경우 유년기에 부모와의 관계에서 경험한 적대감이 상당히 남아 있습니다.

자아는 무서운 슈퍼에고의 눈치를 보면서 자신의 처벌이라는 조공을 바칩니다. 자책이나 자학을 통해서 공격성과 충동이 발산되고, 죄책감도 해소되면서 묘한 쾌감을 느낍니다. 그리고 그것은 반복되면서 끊기 어려운 습관이 됩니다. 슈퍼에고는 처벌했다는 만족을 얻고, 자아는 자신을 압박하는 에너지가 해소되면서 슈퍼에고의 요구를 맞춰주었다는 안심을 얻습니다.

반복적인 자학과 자해에서 회복한 20대 초반 청년 S의 이야기입니다. 어려서부터 아버지로부터 심신 학대를 당하면서 성장하다가, 중학교 때부터 쌓아 두었던 분노가 폭발하여 잦은 자해와 자살 시도까지 했습니다. 10대 후반부터 우울증과 분노조절장애로 정신과 치료를 받아왔습니다.

다행히 어느 정도 이겨 내고 아르바이트를 하며 열심히 지내왔으나, 관계의 어려움은 여전했고 쉽게 상처를 받거나 분노가 폭발하곤 합니다.

최선을 다하려는 마음이 강할수록 상처도 크게 돌아왔는데, 최근에는 친구 관계에서 스트레스를 받아왔습니다. 그러던 중 회전목마라는 상징이 등장하면서 극적인 정서적 경험을 하게 된 열세 번째 면담의 내용입니다.

"어느 순간 내가 너무 예민해졌다는 것을 느끼는데… 알면서도 잘 안 돼요. 자꾸 화가 나고… 화를 내고 화풀이하다 보면 내가 제일 싫어하는 아버지의 모습처럼 행동하는 자신을 보게 됩니다. 너무 무섭기도 하고 싫은데… 그래서 결혼도 아이도 생각이 없어요. 그 아이의 미래가 지금 저일 테니까요."

이야기는 며칠 전 지인들과 수년 만에 놀이공원에 갔었던 것으로 넘어갑니다. 억지로 회전목마를 탔는데 잊었던 17년 전쯤의 어린 시절의 기억이 불현듯 떠오릅니다. 부모와 함께 웃고 즐기던 자신의 모습이 떠오른 것이지요. 그 기억은 너무나 낯설었는데, 자신에 대한 부모의 호의와 선의가 있었다는 사실을 받아들이기 어려웠지요. 자신의 존재 근거는 분노였는데 그 분노의 명분을 없애 버리는 느낌, 분노 상자를 열어 보니까 아무것도 없는 느낌이라고 했습니다.

'나는 거짓말쟁이인가… 피해자 코스프레를 해 왔나?' 등과 같은 자기 회의가 밀려왔습니다. 강렬한 미움과 분노가 갈 곳을 잃은 것입니다. 너무나 큰 딜레마이고, 어디로 가야 할지 모르는 상황입니다. 그렇게 분노하면서도 한편에서는 분노하지 않으려는 마음이 있기에 이런 갈등이 생기지 않았을까요? 바로 이 지점이 중요합니다. 사실 매우 기적적인 사건입니다.

지방에서 놀러온 친구와 수년 만에 놀이공원에 갔는데, 그 친구가 유독 회전목마를 타자고 몇 차례나 종용했기에 억지로 타게 되었지요. 회전목마를 탔다는 것은 아주 낮은 확률이 몇 가지 겹쳐서 일어난 기적적인 사건입니다. 그 사건 속에서 오래된 기억이 살아난 것입니다.

S는 면담의 말미에 오랜만에 마음이 풀리고 시원해졌다고 하였지요. 그동안 행복을 거부하고, 자신은 가장 불행하고 불쌍한 사람이라고 믿어 왔었는데, 아주 작은 조각이지만 행복의 시간, 추억의 시간이 있었음을 인정하고 수용하게 된다고 하였습니다.

자해와 자학에는 생물학적 기제가 작동합니다. 너무 강한 공격성, 너무 센 힘은 통상적으로 통증과 불쾌감을 일으키므로 그것을 피하게 만듭니다. 그런데 피학증은 그런 상황에서 묘한 흥분과 함께 무언가가 해소되는 느낌을 경험합니다.

피학증은 완전히 다른 에너지인 힘과 애정, 공격성과 성욕이 결합했을 때 일어납니다. 진화심리학적으로는 지위rank와 애착이 결합한 상태라고 볼 수 있습니다. 어떻게 서로 다른 에너지인 힘과 애정이 동시에 작동할 수 있을까요? 힘을 관장하는 뉴런과 애정을 관장하는 뉴런이 동시에 발화할 수 있을까요?

보통 3단계를 거친다고 합니다. 우선 힘과 공격성에 의해 일반적인 각성general arousal이 일어납니다. 다음은 흥분이 인접한 뉴런으로 전달excitation transfer됩니다. 마지막으로 엔도르핀이 분비endorphin liberation됩니다. 어쩌면 공격성 혹은 힘이 너무 강해서 존재를 위협할 때나 힘에 의해 압도적인 굴욕감을 경험할 때 자아가 생존과 방어를 위해 고통을 즐거움으로 바꾸는 것일 수도 있습니다.

킨제이 보고서에 따르면 여성의 1/8, 남성의 1/5이 사도마조키즘 스토리에 흥분된다고 합니다. 어쩌면 성과 공격성은 아주 오래전부터 함께 작동해 왔는지도 모릅니다. 생물학적 기제가 있으므로 스스로는 해결이 쉽지 않고 약물치료와 같은 의학적 개입이 필요한 경우가 많습니다.

## 8. 집착의 늪에 갇힌 사람들

잘 알듯이, 욕망은 현실과 대립합니다. 가끔은 욕망이 이루어지는 것처럼 느껴집니다. 그때 충족감을 느끼면서 기분이 좋아지지만, 간혹 허무함을 느끼기도 합니다. 심한 허무함은 욕망이 건강하지 않을 때 고개를 내밉니다.

대부분의 욕망은 이루어지지 않습니다. 본질적으로 욕망은 환상이므로 그럴 수밖에 없습니다. 그래서 사람들은 자신의 욕망과 어느 정도의 거리를 두는데, 심리적으로는 이별과 같은 것입니다. 이것을 흔히 욕망을 내려 놓는다고 표현하지요.

어린 시절 아이가 어머니와 충분한 애착 관계를 이루었다가, 걸음마를 배울 때 자연스럽게 분리가 일어나면서 상처의 경험이 아니라 재회를 위한 이별을 배웁니다. 만약 어머니와의 애착이 충분하지 않았거나, 어머니와 충분한 시간을 가지지 못했거나, 어머니쪽에서 아이를 과보호하려고 했다면 아이와 어머니의 분리가 자연스럽게 일어나지 않습니다. 이 경험이 없을 때 욕망과의 분리, 내려놓음도 쉽지 않게 됩니다.

도저히 욕망을 포기할 수 없는데, 그렇다고 욕망을 이룰 수도 없는 상황에 놓인다면 마음은 욕망과 상황 사이에 갇혀서 꼼짝할 수 없게 됩니다. 이때 느끼는 욕망의 좌절은 상당히 강하고 이룰 수 없기에 더욱 간절히 욕망하면서 집착으로 변해갑니다. 어린 시절의 상황으로 돌아가자면 아이가 혹은 어머니가 집착하는 것이지요.

집착은 욕망 자체를 지속하는 것이며 이별을 거부하는 것입니다. 겉으로는 어떤 대상을 욕망하는 것처럼 보이지만, 사실은 자신의 욕망을 욕망하는 것이므로 자기애의 변형이고 일종의 영원한 욕망입니다. 욕망하지만, 간절히 원하지만, 때로는 이룰 수 없음을 받아들이는 것은 이별을 이해하고 받아들일 때 가능합니다. 에너지로서의 욕망을 그냥 가지고 있는 상태를 경험하고 이해할 때 집착에서 벗어나는 길이 열립니다.

잘 알지 못하는 남성에게 집착하는 27세 미혼 여성 B의 이야기입니다. 소위 모태솔로로 지내오다 20대 후반이 되자 연애를 하고 싫다는 마음이 강해지기 시작합니다. 그러나 뜻대로 잘되지 않던 차에 어떤 남성을 소개받고 몇 번 만나게 되었는데, 그만 그 남성에게 집착하게 되었습니다. 그 남성이 자신에게 관심이 크지 않다는 것을 알면서도 혼자 좋아하는 감정이 없어지지 않는다고 하였지요.

B는 그 남자의 행동을 자신에게 좋은 쪽으로만 해석합니다. '내가 싫은 것이 아니라 바빠서 그럴 것이다.', '내가 노력하면 관계는 진전될 것이다.' B는 그 남성을 처음 알게 되었을 때 그 남성이 보여 준 어느 정도의 호감을 너무 크게 해석하고 있었습니다. 친절함이나 예의를 호감으로 받아들이는 것이지요. 물론 이성에게 애매하고 헷갈리게 행동하는 사람들이 있는 것도 사실입니다.

집착의 배경에는 B가 가진 경계선 성격 특성이 있습니다. 그녀는 유년기에 힘들었던 사건을 겪었는데, 바로 6살에 동생이 태어난 것입니다. B의 어머니는 당연히 둘째인 아들에게 에너지를 집중하였고 B는 동생의 출현으로 인해 어머니와의 좋았던 관계가 산산조각 나는 아픔을 겪었습니다. 문제는 딸의 그러한 행동을 어머니가 다소 경시한 것이었고, 상처 난 마음은 회복되지 못한 채 시간이 흐른 것이지요. 물론 남동생과의 사이도 좋지 않았지요.

B는 '모 아니면 도' 식으로 생각하고 행동합니다. 그런데 그 남

성은 중립적으로 행동하다가 상황을 보고 B에 대한 마음을 접은 것으로 보입니다. 그렇지만 B는 자신에게 어느 정도의 호감을 보이면 완전히 좋아한다는 의미로 인식하므로, 상대방도 그럴 것이라고 느꼈던 것입니다. 이러한 대화를 나눌 수 있는 것이 가장 큰 의미입니다. 이상적인 남성상이 투사된 대상에 대한 집착을 확인할 수 있었습니다.

집착하는 욕망은 신경증적 의존성인데 다양한 방식으로 나타납니다. 애인이나 파트너에게 사소한 부분부터 시작해 생활의 많은 부분을 의존합니다. 애정이 모든 문제를 해결해 준다는 식으로 애정을 과대평가합니다. 힘과 권력이라는 또 다른 현실의 문제를 과소평가하게 됩니다.

버림받음에 대한 공포가 너무 강하거나 혼자 있는 것에 불안이 극심한 것은 의존성에 대한 신경증적 욕구가 있음을 말합니다. 그럴듯한 대상이 나타났을 때 집착하기 쉬운 마음의 상태입니다. 인간관계의 의존성에서 어느 정도 벗어난 상태라면 집착하는 욕망의 대상은 돈이나 권력과 같은 로고스가 파생한 물질로 향할 수도 있습니다.

# 9. 중독에 박탈당한 삶

욕망의 만족, 쾌락의 경험은 그것을 반복하게 합니다. 그러다 보면 특정한 욕망을 만족하기 위한 특정 행위를 계속하게 되는데, 어떤 대가를 치르더라도, 설사 엄청난 손해를 보더라도 계속하려고 합니다. 사실은 잃는 것이 더 많은데도 자신의 행위를 중단하지 못합니다.

만약 하지 못하게 되면 견딜 수 없는 정신적, 신체적 반응이 나타납니다. 소위 금단증상withdrawal symptom이지요. 이것이 중독입니다. 중독은 다른 것을 할 기회를 완전히 박탈합니다.

많은 중독이 있습니다. 알코올 중독, 담배 중독, 약물 중독, 수면제 중독, 마약 중독 등 물질에 대한 중독이 가장 먼저 떠오를 것입니다. 많은 문제를 일으키는 비만도 탄수화물에 중독된 것으로 보는 견해도 있습니다. 요즘에는 일 중독, 쇼핑 중독, 도박 중독, 게임 중독, SNS 중독, 섹스 중독 등 행위 중독도 상당히 흔합니다.

앞으로도 또 다른 행위 중독이 생겨나겠지요. 그리고 관계 중독, 성과 중독, 이념 중독처럼 보이지 않는 것에 중독된 것도 꽤 있습니다.


중독은 반복하는 것입니다. 충동에 완전히 굴복하는 것입니다. 중독의 아래에서는 부분적인 충동만 작동하므로 욕망과 점점 멀어집니다. 엉뚱한 것을 계속하면서 공회전만 반복하는 상태가 됩니다. 정작 자동차는 움직이지 않겠지요. 자율성과 연결성을 엉뚱한 것에서 얻는 것입니다.

처음에는 만족한 것처럼 여겨지지만 점점 더 만족과 멀어지고 불만족이 쌓여 갑니다. 그래서 중독에 빠진 사람들의 얼굴에서 기쁨과 평화를 발견하기 어렵습니다. 의식되는 자책감, 불쾌함 그리고 알 수 없는 불안감은 그것들을 잊기 위한 중독 행위를 가속화합니다. 그렇게 오늘도 중독 행위를 반복합니다.


사실 욕망 자체에는 중독성이 없습니다. 욕망을 만족하는, 쾌락을 추구하는 과정에서 중독이 생겨납니다. 결핍이 심할수록, 다른 즐거움이나 기쁨이 없을수록, 스트레스가 많을수록 중독에 빠질 위험성이 증가합니다.

위험추구 성향을 타고난 사람들, 호기심이 유난히 큰 사람들, 내향성이 너무 강한 사람들도 중독에 쉽게 빠지고는 합니다. 중독 때문에 즐거움이 없는 것인지 즐거움이 없어서 중독되는 것인지는 사례마다 다르지만, 분명한 것은 즐거움을 느끼고 기쁨을 경험하기 시작하면 중독은 현저히 개선되고 사라질 수 있다는 것입니다.

우리를 둘러싼 너무 많고 빠른 자극은 마음과 뇌를 그러한 환경에 적응시키고 있습니다. 혼자 있어도 스마트폰을 통해서 항상 무언가를 보고 듣고 있습니다. 지하철이나 버스에서 멍하게 창밖을 보는 사람은 과거보다 훨씬 적어졌습니다. 그래서 시간을 내서 '불멍' 같은 경험을 하려는 사람들도 많아지고 있습니다. 과거에는 없던 현상이지요.

뇌과학적으로 보자면 DMN(기본 모드 신경망)이 제대로 작동하지 못하기 때문입니다. 수많은 자극에 소진된 우리의 마음은 지루함을 견디지 못합니다. 공백을 견디지 못하는 것입니다.

중독이라는 늪은 상당한 대가를 요구합니다. 자신이 중독에 빠졌다는 것을 이성적으로 알더라도 중단하기 힘듭니다. 엄청난 손해를 보거나 소중한 것을 잃거나 혹은 현실적인 처벌을 당해야만 중독 열차는 가까스로 정지합니다. 그리고 그때 뒤를 돌아보면 이미 많은 것을 잃은 뒤인 경우가 대부분입니다.

중독은 금단증상이나 갈망craving이 아주 강하게 나타나기 때문에 약물치료가 필요한 경우가 대부분입니다. 치료 의지만 있다면 약물치료의 효과는 상당히 괜찮은 편입니다. 그런데 조금 더 근본적으로 중독을 치료하려면 중독의 원인에 대한 접근이 필요합니다.

중독 대상이나 행위가 자신에게 어떤 의미인지, 내면의 어떤 결핍을 채우려는 시도인지를 이해하는 과정이 필요합니다. 그리고 지루함이나 공백을 견디지 못하는 내적 상태를 개선하는 것, 생물학적으로 보자면 DMN을 안정화하는 것이 매우 중요합니다. 마음챙김 명상을 권하는 이유도 이러한 배경이 있습니다. 일상에서 소소한 기쁨과 즐거움을 찾아보며 자기 삶의 한 부분으로 만드는 것도 중독에서 벗어나는 방법입니다.

## 10. 바람과 함께 사라진 욕망

 욕망이 사라지면 어떻게 될까요? 이들의 내면에서는 이런 목소리가 들립니다. '욕망은 나쁜 것이다. 욕망을 가져서는 안 돼. 나는 욕망하지 않아.' 사실은 욕망하지 못하는 사람들입니다.

 그들은 대부분 시간에 무기력과 무의미함을 느끼며 회의주의로 가득한 세계에서 살아갑니다. 엉뚱한 것을 욕망하며 자신이 진짜 욕망이 무엇인지 모르는 경우도 욕망이 사라진 세계에 머물러 있는 사람들입니다. 내면에서는 억압과 좌절만이 작동하는 사람들이지요.

 이들은 욕망하는 것, 표현하는 것이 중요한 사람들을 힘들게 하고 부담을 주는 것이라고 굳게 믿고 있습니다. 나아가 상대방에게 피해를 주고 상처를 주는 행위라고 받아들입니다. 자신에게 그러한 경험이 있기에 마찬가지로 생각하고 투사되는 것이지요.

이들에게는 어렸을 때 부모와의 관계에서 자신에게 있던 자연스러운 공격성이 적절하게 해결된 경험이 거의 없습니다. 욕망을 부정적으로 보는 데는 유아기에 자신의 공격성과 충동을 나쁘게 여기는 모성의 결벽증적 태도가 큰 영향을 줍니다. 사소한 실수나 혹은 아이답게 욕심을 부리고 떼를 썼을 때 부모가 보인 어떤 태도가 매우 부정적이고 수치심을 느끼게 했던 기억이 있습니다.

그런 일들이 수차례 반복되다 보면 자신도 모르게 욕망을 억압하고 참게 되는데, 자동적이고 무의식적인 습관이 됩니다. 그것이 지속될 때 어느새 욕망은 바람과 함께 사라집니다. 외부의 거대한 존재에 의한 욕망의 좌절이면서 동시에 내면의 슈퍼에고에 의한 거세입니다. 그렇게 욕망이라는 에너지를 사용하지 않고 쌓아 놓게 되고, 내면과 욕망은 일그러지고 변형되고 썩어 가면서 생명력을 잃게 됩니다.

욕망이 사라진 20대 남성 Q의 이야기입니다. Q는 1남1녀 중 장남입니다. 고등학교 때 우울증 삽화(수일에서 수주 동안 우울감, 무기력증, 재미 감소, 관계 위축 등 임상적 수준의 우울증 증상이 생기는 것을 말함)가 수차례 있었지만 어떻게든 넘겼으며, 머리가 좋아서 명문대학교 공과대학에 진학할 수 있었습니다. 그런데 대학 진학 얼마 후부터 심한 무기력함, 무의미를 호소하면서 적응을 어려워했습니다. 결국 1년 후 대학을 휴학하였는데, 주로 방에서 게임만 하다가 어머니의 권유로 병원을 찾아왔습니다.

내담자 　언제부터인가 원하는 것이 없어요. 재미가 없어요. 그냥 시간을 보내요. 즐거운 것도 없어요. 시간이 잘 흐르지 않고, 먼 과거와 최근의 기억이 뒤섞이면서 시간의 흐름이 느껴지지 않아요. 최근의 기억이 더 희미해요. 인생의 길을 모르겠어요, 길이 없어진 느낌… 아니, 길이 있기는 했는지도 모르겠어요…. 멍하게 별생각 없이 지내고 있어요. 가끔 현재 상태에 대한 자각 같은 것이 들면 살짝 막막하고 마음에 안 드는데… 귀찮기도 하고, 상황은 마음에 안 드는데 뭔가를 바꾸고 싶지는 않은… 배는 고픈데 밥은 차리고 싶지 않다고 할까….

치료자 　지금의 비유가 크게 와 닿네요. 불만은 있는데 노력이나 개선은 하고 싶지 않은 묘한 상태네요.

내담자 　딱 그런 상태예요. 저에겐 이런 상태가 너무 익숙한 것 같습니다…. 완벽하게 될 것 같지 않으면 애초에 시도하지 않으려는 것 같은 느낌도 있고요…. 평생 아이이고 싶은 마음도…. 항상 이렇게 살아온 것 같은데… 왜 그랬을까요? 이런 상태를 지칭하는 표현이 있나요?

치료자 　좋은 질문입니다. 양가감정의 웅덩이라고 표현하면 어떨까요?

내담자 　나는 불만이 유독 많은 것 같아요. 필요 이상의 불만인 것 같기도 하고…. 그러면 불만을 줄여야 하나요? 아니면 노력을 엄청나게 해야 할까요? 생각을 바꾸거나 행동을 변화시키는 것이 너무 어렵게 느껴져요. 너무 허무하고 텅 빈 느낌… 무의미한 느낌… 그냥 사라지고 싶은 느낌이에요.

Q가 한 이야기들은 다른 사람들보다 서너 배 이상의 시간이 걸리면서 천천히 조심스럽게 표현된 것들입니다. Q의 의식과 정신세계는 불만과 노력 사이에 완전히 갇혀 있습니다. 그런데 그 상황에 너무 익숙해서 그 상태를 당연하게 여기고 있지요. 그러다 보니 마치 그 상태를 원하는 착각이 들 정도입니다. 이쪽도 저쪽도 선택할 수 없는, 즉 양가감정이라는 깊은 웅덩이에 의식이 갇혀서 마치 우물 안 개구리처럼 다른 세계를 보지 못하고 있습니다. 그만큼 양쪽의 에너지가 강했을 것입니다.

대립하는 두 에너지의 강력한 충돌은 깊은 웅덩이를 만들었습니다. 그리고 그 웅덩이 안에서 에너지가 소모되면서 욕망이 사라졌습니다. 사실 세상에는 웅덩이 말고도 산, 광야, 들, 바닷가 등 다양한 지형이 있을 텐데 보지 못하고 경험하지 못하는 것이지요.

Q는 자신을 완전히 부정하는 듯한 느낌을 주었습니다. 언제부터인가 쾌락도 사라지고 의미도 사라졌습니다. 욕망이 완전히 거세된 상태입니다. Q의 이야기는 너무 느리면서 또 조용합니다. 무

심해 보이는 겉모습과 달리 내면에는 폭풍우와 같은 갈등이 있고, 분노도 너무 강하게 올라오는데 그것을 드러낼 수 없었음을 말합니다. 성격적으로 또 상황적으로 그렇게 된 것이지요.

그는 자주 허무함을 느낍니다. 공백을 느낀다는 의미입니다. 그런데 자신의 공백을 느끼기보다는 없애려고 하고 먹어 버리고자 합니다. 공백을 먹어 버려서, 욕망의 거세를 보상하면서 결여와 자신을 동일시합니다.


여성에게 이러한 현상은 거식증anorexia으로 자주 나타납니다. 아무것도 먹지 않으려는 마음에 사로잡힌 상태이지요. 겉으로는 체중 증가에 대한 두려움과 타인의 시선에 대한 지나친 부담감 그리고 마른 몸에 대한 병적인 선호가 식사 거부의 이유입니다.

그런데 이들의 내면은 결핍으로 가득 차 있으며 어쩔 수 없이 만나야 하는 공백과 결여를 어떻게 할 수 없는 막다른 골목에 몰려 있습니다. 결국 자신의 공백을 먹어 버려서 필사적으로 공백이 튀어나오는 것을 막으려고 합니다. 공백을 먹어 버림으로써 음식을 먹는 것을 대신하는 것입니다.

이들은 욕망과 현실의 괴리를 좁히는 방법을 모르는 사람들이며, 슈퍼에고와 적절한 관계를 맺는 것이 너무 어려운 사람들입니다. 의식과 무의식의 연결이 끊어진 사람들입니다. 조금 더 깊이 들어가면 유년기에 모성과 부성과의 관계에서 이미 깊은 단절이 있었던 경우가 많습니다. 해결되지 못한 오이디푸스 콤플렉스도 자주 발견됩니다.

욕망이 사라지면 자신의 생활을 협소한 범위로 제한합니다. 아무것도 요구하지 않고 작은 것으로 만족하거나, 야망이나 물질에 대한 욕망도 제한하면서 그것들이 가지는 의미를 폄훼하고 냉소적으로 대합니다. 그러나 사라진 욕망은 그냥 없어지지는 않습니다. 어디에선가 삐져나옵니다. 억압된 것은 반드시 되돌아오니까요.


다음은 아동기의 모성 결핍의 기억들 그리고 청소년기의 또래 따돌림으로 만성 우울증을 겪으면서 욕망이 사라진 20대 중반 여성 P의 이야기입니다.


"나는 솔직히 생의 가치를 모르겠어요. 하지만 고통의 무게는 느껴요. 내가 겪었던 고통을 아니까. 사람들에게 최대한 고통을 주지 않아야 하고, 나도 그렇게 살고는 싶지만… 생의 가치는 모르겠어요. 삶은 소중하고, 생명은 소중하다는데 나는 잘 몰라요. 분명히 말할 수 있는 것은 지금의 내 생애는 가치가 없다는 것뿐이에요. 하지만 열정적으로 자기 일을 하면서 사는 사람들이 가치 있어 보이긴 해요. 나는 아직 어린아이에 머물러 있는 것 같아요. 엄마가 나를 많이 사랑했던 기억은 있어요. 하지만 동시에 엄마가 없어서 울었던 기억이 너무 생생해요. 그리고 하기 싫은 것을 억지로 시켜서 나를 힘들게 했던 기억도 있어요. 그래서 엄마가 미웠어요…. 마음 한구석에는 어머니와 어린 시절을 함께 지내지 못한 것을 보상받고 싶은 마음이 있는 것 같아요. (실제로 환자의 어머니는 자신이 소중하게 생각해 온 일을 그만두기로 했다) 어머니와 함께 있기만 해도 좋을 것 같아요."

욕망이 사라진 사람들의 경우 극단적으로는 욕망을 죽이게 되기도 합니다. 정신적 자살인데, 실제 자살로 이어질 수도 있습니다. 얼마나 좌절과 고통이 컸으면 극단적인 선택을 해야만 했을까요. 사라진 욕망의 이면에는 역설적으로 그만큼 강렬한 욕망이 있습니다. 너무 강한 욕망이었기에 좌절도 고통도 그만큼 클 수밖에 없습니다. 욕망을 부정하고, 자신을 부정하고, 욕망을 죽이고, 자신을 죽이는 것입니다.

이런 경우라면 욕망이 나오기 위해서 많은 저항을 뚫어야 합니다. 사실 욕망이 사라진 것은 아닙니다. 의식에서 욕망이 사라지는 것일 뿐입니다.

# 11. 우리들의 일그러진 욕망

 

지금까지 영원한 욕망, 완벽한 욕망, 환상적 욕망, 모순된 욕망, 집착하는 욕망, 금지된 욕망, 중독된 욕망, 자기 파괴적 욕망, 사라진 욕망 등 여러 가지 현상으로 나타나는 욕망의 정신병리에 대해 살펴보았습니다.

현상은 상당한 차이를 보이지만 이것들에는 공통점이 있습니다. 어린 시절에 누구나 한때는, 또 조금씩은 가졌던 욕망입니다. 유아적 욕망, 성장하지 못한 욕망이며, 때로는 준비되지 않았음에도 지나치게 어른스럽게 보이려는 욕망입니다. 어린 시절의 세계관으로 현실을 보고, 현실을 자신에게 맞추려는 사람들이 겪을 수밖에 없는 고통과 좌절이기도 합니다. 또 다른 관점에서는 부분적이고 파편적인 욕망이며, 개인의 의식이 욕망의 본질을 충분히 이해하지 못해서 생기는 문제들입니다.

정신적 문제들은 너무나 다양하며 진단도 정말 여러 가지입니다. 그런데 이러한 문제를 겪는 사람들의 또 다른 두 가지 공통점이 있습니다.

첫째는 과도한 주관성입니다. 앞서 설명한 것처럼 의식이 작동하기 위해선 주관성이 있어야 합니다. 그래야 일관된 관점이 생기고 정보가 의미 있게 들어올 수 있습니다. 하지만 주관성에는 약점이 있습니다. 사실 혹은 진실과 동떨어지기 쉽다는 것이지요.

그래서 우리는 갈등을 겪게 됩니다. 주관성의 한계를 어느 정도 이해하고 객관화하려는 에너지가 작동해야 하는데, 과도한 주관성은 이를 어렵게 합니다. 과도한 주관성은 강한 자기애에 의해 혹은 너무 강한 자기방어가 작동하기 때문입니다.

두 번째는 내면의 분열입니다. 대극적이며 복잡계로 작동하는 마음은 통합된 어떠한 입장을 항상 유지하기 어렵습니다. 어느 정도의 갈등이나 분열은 피할 수 없지요. 문제는 과도한 분열입니다. 분열은 안팎의 스트레스를 적절히 처리하지 못한다는 뜻입니다. 조각을 내고 분열해야만 자아의 관점과 세계관이 버틸 수 있는 내면의 약함을 말합니다.

내면의 분열은 필연적으로 간극의 확대와 공백의 팽창을 일으킵니다. 그리고 간극의 확대를 대하는 자아와 의식의 방어 방식에 의해 영향을 받습니다. 많은 사람이 분열이 있음을, 공백이 팽창되어 있음을 알지 못합니다. 무의식적으로 작동되는 경우가 대부분이기 때문입니다. 불편한 증상만 느끼며, 자기를 탓하고 자학하거나 타인을 원망하는 데 에너지를 소진합니다.

그렇다면 우리는 어떻게 살아야 할까요?

3장

# 욕망의 진화

인간의 본질적인 에너지로서 욕망은 시공의 한계라는 환경에서 살아나가야 하는 우리에게 유일한 에너지이며 무기입니다. 무의식의 상징이 구체적으로 의식에 전달되는 에너지가 욕망입니다. 인간이라는 복합적인 생명체를 움직이는 것은 쉽지 않습니다. 그러한 인간을 움직이기 위해서는 효율성이 높은 에너지가 필요합니다. 특히 자원이 제한적이라는 현실에서의 생존을 고려한다면 효율성은 아주 중요한 덕목이지요.

인간을 움직이는 에너지는 욕망과 감정에 집중되었습니다. 작은 에너지가 상황에 따라 커질 수 있는 에너지의 증폭성amplification, 관계를 위해서 에너지를 전달하고 공유하기 위한 사회성sociality, 경험으로 쌓여가는 엄청난 용량을 가지고 있어야 하는 에너지의 저장성storage이 필요한데 이미지와 상징, 감정과 욕망을 대체할 에너지를 찾기는 어려웠을 것입니다.


에너지의 효율성을 위해서는 많은 에너지가 자동으로 작동할 필요가 있습니다. 욕망의 무의식성입니다. 의식하기 어렵다, 충분히 인지하지 못한다는 것은 그것이 타고난 것이며, 본질적으로 내면에서 생겨남을 의미합니다. 그리고 그것은 본래 환상입니다. 현실과는 전혀 다른 것이며, 또 대극적인 욕망이므로 모순적이며 다루기 힘든 속성을 가집니다.

무의식적이어서 진짜 욕망이 무엇인지를 알기 어렵습니다. 우리의 내면에는 개인적인 차원(개인적인 경험 중에 의식이 아니라 무의식에 저장되는 것으로 개인 무의식이라고 함)을 넘어서는 인류의 공통된 에너지가 내재되어 있음이 분명합니다.

분석심리학(칼 융의 이론체계)에서는 그것을 개인 무의식과 구분해서 집단무의식 혹은 원형으로 부릅니다. 인류의 내면의 깊은 곳에는 아니마의 욕망, 아니무스의 욕망이 살아 숨 쉬고 있으며, 에로스와 로고스의 에너지가 움직이고 있습니다. 무엇보다 인간의 욕망은 인격적입니다. 동물의 본능과 구별되는 지점이지요. 인류의 욕망은 진화해 왔고 앞으로도 그럴 것입니다.


그렇다면 진화한다는 것은 어떤 것일까요? 진화한다는 것은 변화하고 발전한다는 의미이지요. 어떤 방향성을 가진다는 뜻입니다. 욕망의 진화는 인격의 성장입니다. 가장 대표적인 방향은 유아기와 유년기의 욕망에서 성인과 어른의 욕망으로 진화하는 것입니다.

어릴 때의 욕망은 순수하고 창의적이기도 하지만 부분적이고 충동적 욕망입니다. 구강 충동, 항문 충동, 시각 충동, 청각 충동이 대표적입니다. 젖을 먹기만 해도, 엄마의 목소리만 들어도, 배변만 해도, 장난감만 가져도 행복합니다. 그런데 성장하면서도 부분성이 고착되고 심해지면 그것은 부분을 넘어 조각으로 파편화됩니다. 부분적 욕망은 불안을 자극하는데, 파편화된 욕망일수록 더욱 그렇지요.

조각과 파편은 본질적으로 에너지를 축소시키고 존재를 소외시킵니다. 만약 한 개인이 가진 욕망이 대부분 부분적이고 파편화되어 있으면 불안장애, 중독, 성도착증, 식이장애 등의 병리가 생길 확률이 커집니다. 부분적이고 파편화된 욕망이 전체성을 향해 융합되고 통합되는 것, 부분과 조각을 넘어서 하나의 인격성을 이해하는 것, 인격을 욕망하는 것, 욕망의 인격성을 이해하는 것이 인격의 성장이며 욕망의 진화입니다.

모든 사람에게는 장단점, 즉 좋은 부분과 부정적인 부분이 혼재되어 있습니다. 부분적으로 바라보기 시작하면 매우 나쁜 사람, 악마 같은 존재 혹은 너무 좋은 사람, 천사 같은 존재로 인식되고 그것이 고착됩니다. 이러한 심리 기제를 분열splitting이라고 하는데, 아주 어렸을 때 아이들이 양육자를 향해서 가지는 느낌이지요.

일반적인 성장 과정에서는 어느 정도의 통합이 자연스럽게 일어납니다. 그런데 트라우마나 결핍이 있는 환경에서는 그러한 통합이 일어나지 않습니다. 전체 인격으로 한 사람을 이해하는 것이 어려워집니다.

일부 성인들에서도 자주 볼 수 있는 지나친 흑백논리, 모 아니면 도, 성공 아니면 실패, 승리 아니면 패배, 나에게 호감을 보이지 않으면 나를 싫어하는 것이라는 생각 등도 분열의 후예입니다.


또 다른 욕망의 진화 방향은 수동적인 욕망에서 능동적인 욕망으로의 이동입니다. 자신에게 생각보다 많은 선택권이 있음을 깨닫고 자율성이라는 에너지를 깊이 이해한다면 자연스럽게 능동적인 방향으로 움직이게 됩니다. 그러다 보면 자연스럽게 타자의 욕망에서 자기의 욕망으로 이동합니다.

그러나 자신의 내면과 무의식을 깊이 이해하지 못하면 생각보다 이동이 쉽지 않으며, 여전히 타자의 욕망이 다양하고 깊게 우리의 의식에 뿌리내려 있다는 사실을 목격해야만 하는 상황에 놓일 것입니다. 그래서 겸허해야 합니다.


또 다른 방향은 주관에서 객관으로의 이동입니다. 주체로서 스스로 선택하고 능동적으로 움직이지만, 한편으로는 주관의 한계를 깨닫고 경계할 때 조금씩 객관의 세계로 움직일 수 있습니다. 비록 객관성에의 도달은 불가능한 이상이지만 그럼에도 겸허하게 있는 그대로 보려는 태도이지요.

진화의 또 다른 관점은 감각에서 감정으로의 이동이며 나아가 감정에서 가치로의 이동입니다. 의미를 향한 욕망이 그것입니다. 만약 나이가 들면서도 욕망이 성장하고 진화하지 못한다면 성인으로의 삶, 중년으로의 삶은 위기를 만나기 쉽습니다. 건강하던 성인이 중년기에 접어들면서 무기력증, 허무함, 우울증, 자기부정, 건강염려증이 나타난다면 이 부분을 생각해야 합니다.


욕망의 핵심은 느껴지는 존재를 지속시키고자 하는 에너지입니다. 안전과 생존의 욕구로 이해되지요. 그다음은 존재를 확장하려는 에너지입니다. 공간적으로, 물질적으로, 사회적으로, 관계적으로 표현됩니다. 그다음은 자신의 에너지를 남기고 후대에 넘기려는 에너지입니다. 자녀를 얻고 자녀에게 잘 해주고 나아가 자녀가 잘되도록 하는 모성과 부성의 에너지로 표현됩니다. 또 그다음은 더 나은 존재가 되려는 에너지입니다. 발전하고 성장하면서 의미를 향해가려는 에너지이지요.

이는 끝이 없습니다. 이러한 욕망의 에너지는 무언가를 가지려고 하고, 통제하려고 하고, 확장하려고 하고, 지배하려고 하고, 나누려고 하고, 존재를 증명하려고 하고, 인정을 받으려고 하는 것 등으로 표현됩니다. 어릴수록 그 표현은 미숙하고 단편적일 수밖에 없습니다. 장난감이 가지는 의미는 나이에 따라 달라질 수밖에 없지요. 돈이 가지는 의미도 마찬가지입니다.

인간은 욕망하는 존재입니다. 욕망으로밖에 살 수 없지만, 욕망으로만 살 수도 없습니다. 그래서 욕망은 방어되고 제어되면서 통제라는 시스템을 통해 균형을 이룹니다. 그러나 그 균형은 깨지기 쉬우며, 욕망과 방어, 욕망과 통제 사이에는 항상 긴장이 존재합니다. 방어와 통제 시스템의 전면에는 현실과 타인의 시선이 자리 잡고 있습니다. 나의 욕망도 사실은 타자의 욕망일 수 있다는 욕망의 속성은 관계적 존재인 인간의 숙명적 조건입니다.

인간은 타인의 욕망을 욕망하고, 타인의 시선으로 욕망을 방어해야 합니다. 역설적이고 모순적인 존재이지요. 그런데도 타인의 욕망, 타인의 시선에서 나의 욕망과 나의 시선으로 이동하는 것이 욕망의 진화입니다. 이것이 성장이자 성숙이며 삶이 예술이 되는 길이 아닐까요?

# 1. 욕망의 진화에 관한 이야기

모든 것은 변화한다는 사실에 욕망도 예외가 될 수 없습니다. 욕망이라는 에너지는 변화하고 진화합니다. 대개 감각에서 감정으로, 그리고 가치적 욕망으로 변화하는 경향을 가집니다.

그런데 이러한 진화가 단선적이며 단계적인 과정을 의미하지는 않습니다. 겉으론 진화한 듯 보이지만, 사실은 진짜 욕망이 억압되고 감추어진 경우도 많지요. 욕망의 진화는 여러 학자가 각자의 방식으로 언급한 바 있습니다.

프로이트의 정신성적 발달psychosexual development, 매슬로우 Abraham Maslow의 욕구단계설, 정신분석에서 얘기하는 리비도의 전진과 후퇴의 개념, 칼 융의 이론 중 아니마와 아니무스의 진화 개념, 라캉의 상상계-상징계-실재계, 진화 정신의학의 개념인 아고닉 모드와 헤도닉 모드 등이 모두 욕망의 변화와 진화를 설명하고 있습니다.

여기에서 각 이론을 모두 설명할 필요는 없지만, 다소 생소할 수도 있는 칼 융의 아니마와 아니무스의 진화에 대해서 일부를 언급하고자 합니다.

아니마는 남성 안의 여성적 심리 경향이 인격화한 것, 즉 마음속의 여성을 의미합니다. 아니무스는 여성 안의 남성적 심리 경향이 인격화한 것, 즉 마음속의 남성을 말합니다.

융은 아니마와 아니무스는 모두 원형의 에너지이므로 우리의 의식이 발명한 것이 아니라 무의식의 자발적 산물이라고 했습니다. 아니마와 아니무스는 그 자체로는 의식하기 힘듭니다. 그것이 하나의 상상像으로 체현體現될 때, 즉 원형상archetype figure으로 나타나야 비로소 우리의 의식이 느낄 수 있습니다.

욕망의 진화는 다양한 경험의 자극에 반응하며 움직이는 원형의 보이지 않는 영향 위에서 자아와 슈퍼에고의 관계를 통해 서서히 이루어집니다. 이때 경험의 주체인 자아가 자신을 둘러싸고 벌어지는 일들을 얼마나 이해할 수 있는지, 그리고 어떤 태도를 취하는지가 중요합니다.

난해한 점은 나의 진짜 욕망을 알기 어렵다는 것입니다. 맨눈으로는 태양을 볼 수 없을 뿐 아니라, 어쩌면 태양을 피하는 방법에 골몰하면서 살아야 하는 것이 우리의 운명이니까요. 욕망이 가진 이중성과 허구성, 그리고 어쩔 수 없이 생겨나는 방어기제 등은 문제를 뒤틀어서 더욱 복잡하게 합니다.

그렇다면 나의 진짜 욕망을 알 방법은 없는 것일까요? 욕망을 이해하려고 하고 내면에 대해 진솔한 태도를 취하려는 노력이 필요함은 물론입니다. 가장 쉬운 방법 중 하나는 나의 자원과 에너지, 즉 시간과 물질을 어디에 주로 사용하는지 잘 관찰하는 것입니다. 또 혼자 있을 때 자신이 무엇을 하는지 잘 살펴보는 것입니다. 내가 무엇을 주로 보는지, 나의 시선이 어디로 향하는지 관찰하는 것도 자신의 욕망을 아는 데 많은 단서를 줍니다.

요즘 같으면 자신의 스마트폰에서 검색 목록의 종류와 패턴을 살펴볼 수 있으니까 과거보다는 훨씬 편하게 단서를 찾을 수 있습니다. 카드게임이나 화투를 함께 치면 상대방에 대해 잘 알 수 있다는 말이 있습니다. 위험을 추구하거나 순간적인 이익이 달린 상황에서는 가지고 있는 것이 잘 드러나기 때문이겠지요.

욕망을 비틀고 왜곡시키는 방어기제를 살피는 것도 중요합니다. 우리는 자신의 방어기제를 잘 알 것이라는 일반적인 예상과 달리 대부분의 중요한 방어기제는 무의식적으로 작동하기 때문에 스스로 알아차리는 데 한계가 있습니다. 혼자 있을 때와 가족들과 있을 때, 혼자 있을 때와 사람들과 있을 때의 말과 행동에 어떤 차이가 있는지 살펴보면 방어기제에 접근할 수 있습니다. 자신이 자주 하는 실수나 충동적 행동을 관찰하는 것도 진짜 욕망에 다가가는 좋은 방법입니다.

만약 앞뒤가 너무 다르게 행동하는 자신이 보인다면 스스로를 알 좋은 기회임을 기억하세요. 혹시 사람들에게는 자유를 강조하고 자유로운 행동을 드러내면서도, 특정한 상황에서는 권위적으로 행동하지 않나요? 정의를 말하면서도 가까운 사람과의 관계에서는 그렇지 못할 수 있습니다. 처음 보는 사람들에게는 친절하고 배려를 아끼지 않으면서도, 가족이나 친구에게는 자기의 뜻을 일방적으로 강요하는 경우도 많습니다. 주위나 이웃에 대한 사랑을 설파하면서도 구체적으로 도움을 줬던 기억은 별로 없을 수도 있지요.

믿을 수 있고 말이 통하는 사람과의 진솔한 대화도 자신이 몰랐던 부분을 보게 합니다. 우리의 의식은 좋은 관계 속에서 언어의 교환을 통해 의외의 것을 느끼고 갑자기 깨닫기도 하면서 창발하는 속성을 가지고 있습니다.

많은 시간과 에너지가 들기는 하지만, 정신분석이나 분석적 정신치료analytic psychotherapy에서 사용하는 자유연상free association과 꿈의 분석dream analysis은 무의식에 꼭꼭 숨어 있는 욕망에 접근할 좋은 기회입니다.

## 2. 감각의 동물, 인간

　대부분의 욕망은 감각sensation에서 시작합니다. 보고 듣고 맛보고 냄새를 맡고 만지면서 우리는 현실감을 느끼고 즐거움과 만족을, 때로는 불쾌함을 경험합니다. 현실을 느끼게 하는 감각은 매우 선명하고 강력한 에너지입니다. 자신의 살을 꼬집어 봄으로써 '꿈인가 생시인가'를 구별하는 것처럼, 감각이 없다면 꿈과 현실의 구분이 어렵겠지요.

　그런데 감각은 지속 시간이 짧습니다. 후각을 생각해 보면 금방 느껴질 것입니다. 외부의 다양한 자극에 시시각각 반응하는 것이 생존에 유리하기 때문에 자극에 대한 반응을 너무 오래 지속할 필요가 없는 것이지요.

　이렇게 감각은 그 한계가 명백하지만, 그럼에도 인간은 감각의 동물입니다. 일차적으로 감각에 따라 움직이니까요. 감각은 자극이 필요합니다. 몸의 어딘가가 가렵다든가 배가 아프다든가 하는 등의 내부 자극과 외부 자극이 있습니다. 그러므로 감각만을 추구하다 보면 필연적으로 의존성이 강화되기 쉽습니다. 무엇보다 감각에의 몰두는 감정을 거세시킵니다.

감각이라는 구체적인 에너지에 너무 매달리다 보면 상상과 느낌이라는 본연의 에너지는 그 힘을 잃어갑니다. 이미지와 상상이 살아나면서 의식이 더욱 자유로워지려면 감각은 어느 정도 제한될 필요가 있습니다.

우리는 자꾸 무엇이든 보려고 하기 때문에 안을 보지 못하고, 어떤 소리를 듣고 따라가기 때문에 내면의 소리를 듣지 못합니다. 시각 장애, 청각 장애, 언어 장애를 가지고 있었음에도 풍부한 정서적 삶을 살았던 헬렌 켈러Helen Keller의 이야기는 많은 것을 생각하게 합니다.

### 감각에서 감정으로

감각은 감정으로 나아가야 합니다. 그런데 감정에 대한 이해나 경험이 부족할 때 혹은 무언가 느껴지는 감정이 너무 부담스러울 때 의식은 감정으로 나아가지 못하고 감각에 정체됩니다.

감각에서 감정으로의 이동에 실패하면 시선에 자꾸 무언가 들어오는 것이 불편한데도 사라지지 않는 시선 강박증 혹은 머릿속에서 노래소리 같은 청각적 이미지가 계속 재생되는 소리 강박증과 같은 정신병리가 생길 수 있습니다.

이동에 실패하는 가장 큰 이유는 내면에서 느껴지는 감정을 나쁜 것으로 평가하는 내적 역동이 있기 때문입니다. 감정을 섣부르게 판단하려는 태도이지요. 유아기와 유년기에 아이의 주위에서 감정을 이해하고 수용해 주지 않은 것이 큰 영향을 줍니다. 감각은 감각일 뿐이며 자신의 감정과 그 아래에 있는 욕망을 수용하고 느끼는 경험이 강박증의 치료, 또 욕망의 진화에 중요합니다.


내면을 움직이는 주인공으로서 감정emotion은 감각보다는 추상적이지만, 더 강력하고 더 길게 지속됩니다. 감정의 지각 과정에서 감각피질로부터 변연계와 전전두피질로 에너지가 이동하면서 증폭이 일어나기 때문입니다. 기쁨, 즐거움, 슬픔, 분노, 호기심과 같은 감정이 얼마나 강한 힘을 가지는지 생각해 보면 쉽게 느낄 수 있습니다.

특정한 감정이 느껴지려면 단순한 지각을 넘어서 감정을 다루는 뇌가 함께 작동되어야 합니다. 감각에 따른 이차적인 감정이 있고, 감정 그 자체가 있습니다. 그런데 감정도 욕망의 지배를 받으므로 자신의 진짜 감정을 알아차리는 것은 어려울 수도 있습니다.

감정은 사실이 아닌 것도 믿게 만듭니다. 우리를 속이는 것이지요. 그것이 감정의 힘입니다. 그래서 우리는 어려서부터 감정적으로 행동하지 말고 이성적으로 행동하라고 배웁니다. 맞는 말이지만, 이성의 에너지에도 한계가 있습니다. 또 생각만큼 잘 되지도 않습니다. 위선이 되기도 쉽습니다. 감정을 배제하고 감추는 것이지요.

감정이 얼마나 중요한지 이해하면 삶이 달라집니다. 감정에 대한 섣부른 판단을 경계하면서 감정과 욕망을 에너지로, 또 자신의 한 부분으로 이해하고 받아들이는 것입니다. 단순히 감정적으로 행동하는 것이 아닙니다. 감정과 이성의 기계적인 균형도 아닙니다. 거대하고 강렬한 에너지를 인정하고 또 그것을 적절하게 사용하되 감정에만 압도되지 않는 상태입니다.

감정의 영향을 받고, 어느 정도 감정적이지만, 감정에 압도되거나 지배당하지 않으면서, 어딘가 충만한 상태가 있습니다. 이 상태를 이해하고 유지하며 필요할 때 불러낼 수 있도록 마음을 이해하고 연습할 필요가 있습니다. 명상, 특히 마음챙김 명상mindfulness meditation(위빠사나 명상)이 많은 도움이 됩니다.

감정을 잘 사용하려면 우선 감정을 잘 알아야 합니다. 그런데 이것이 만만치 않습니다. 우리는 자꾸 감정을 쉽게 판단하면서 없애려고 합니다. 또, 알려고 하는 의식의 능력에는 한계가 있고 심지어 감정의 어떤 부분은 무의식에 있습니다.

시야가 좁은 의식과 감정은 물과 기름처럼 섞이기 힘듭니다. 그래서 감정과 무의식을 이해하고 받아들일 수 있는 의식의 태도, 그릇, 능력이 중요합니다. 쉽게 판단하지 않으려는 태도를 이해하고 몸에 익히도록 연습하는 것이 의식의 그릇을 키웁니다.

### 감정에서 가치로

감각에서 감정으로 이동하고 다시 욕망은 흘러가고 변화하는데, 시간이 흐르고 진화하다 보면 결국 의미와 가치로 연결됩니다. 가치value는 가장 추상적인 에너지입니다. 추상적일수록 에너지는 강해집니다. 의미 또한 중요해지고 강해질수록 추상성을 향해 갑니다. 사랑, 우정, 명예, 정의, 신념, 믿음, 관계가 그런 것이지요.

안 보이는 것은 보이는 것보다 강하고 더 두렵습니다. 보이지 않는 가치와 의미로 향한다는 것은 환상과 상상이라는 욕망의 특성으로 회귀하는 것입니다. 눈에 보이지 않는 것을 보려는 욕망, 추상적인 것으로 만족하려는 욕망은 인간만이 가진 상상력을 만족시키려는 욕망입니다. 그것이 창의성입니다.

가치는 진화적으로, 즉 시간적으로 응축된 에너지를 품고 있습니다. 가치와 의미는 과정을 요구합니다. 대립과 갈등을 겪지 않은 가치는 일관된 에너지를 가지지 못합니다. 그러나 일단 정립이 된다면 가장 강력한 에너지로서 주체에게 삶의 지향을 제시하고 끌어갑니다.

그렇다면 삶에서 무엇에 가치를 두어야 할까요? 기본적으로 가치란 필요하지만 나에게는 없는 것입니다. 나아가 관계에 좋은 에너지를 주는 것이 높은 가치입니다. 가치는 욕망 자체로 표현되기도 하고, 욕망을 억제하는 에너지가 되기도 합니다. 욕망과 가치의 관계는 욕망이 가지는 의미 혹은 의미 있는 욕망이라는 질문을 통해 접근할 수 있습니다.

가치는 어떻게 형성되고 만들어질까요? 유전적, 기질적 요인 그리고 환경적, 경험적 요인들이 있겠지요. 생존이 최선의 가치가 되는 상황이 있을 것입니다. 타인이나 사회에서 요구하는 가치도 있겠지만, 가치가 생명력을 가지려면 내면에서 올라와야 합니다. 결국 가치는 로고스, 이데아와 만나게 됩니다. 또 에로스의 작용도 있을 것입니다.

유념해야 하는 다른 하나는 추상적인 의미와 가치에 가까이 다가가고 얻기 위한 방법이 매우 구체적이고 작은 부분으로 이루어져야 한다는 것입니다. 이것이 삶의 역설이고 지혜입니다. 천릿길도 한 걸음부터이고, 구슬이 서 말이라도 꿰어야 보배인 것처럼 말이지요.

죽음의 수용소 아우슈비츠에서 아내와 어머니 그리고 형을 잃고, 또 수많은 죽음을 목격하면서 살아남았던 정신과 의사 빅터 프랭클Viktor Frank은 말합니다.

삶의 의미는 우리가 숨 쉬는 마지막 순간까지 발견해야 하는 것이지요. 내가 피할 수 없는 운명 때문에 고통 받고 있다 하더라도, '고통을 인간의 업적'으로 승화시키면서 삶의 의미를 쟁취할 수 있는 것입니다. 내가 끝까지 살아남을 수 있었던 이유를 한 가지만 말하라고 한다면, 잃어버린 원고를 다시 쓰고야 말겠다는 의지가 있었기 때문이라고 답하겠습니다. 그는 의미치료logotherapy를 주창하였고, 삶의 의미를 구성하는 3가지 가치가 있다고 했습니다. 무엇인가를 창조하거나 어떤 일을 함으로써 가지게 되는 창조가치, 어떤 일을 경험하거나 어떤 사람을 만남으로써 알게 되는 체험가치, 피할 수 없는 시련에 대해 어떤 태도를 취하기도 결정함으로써 가지게 되는 태도가치가 그것입니다.[13]

감각에서 감정으로, 또 가치로 진화한다는 것이 감각이나 감정의 에너지가 사라진다는 뜻은 아닙니다. 감각이 나쁘다는 단순한 결론을 내리는 것도 바람직하지 않겠지요. 감각은 절대 사라지지 않으며 없어져서도 안 됩니다. 단지 감각으로만 움직이지 않고, 감각 아래에 있는 감정의 에너지 그리고 나아가 가치와 어떻게 연결되는지를 고민하고 이해하며 경험하는 것이 중요합니다. 그래서 가치를 만들어갈 때 자신의 감각과 감정을 소외시키지 않아야 합니다. 그것은 위선으로 가는 지름길이니까요.

옹졸한 자아가 느끼는 가치를 전부인 것처럼 여기는 현상도 경계해야 합니다. 신념과 가치의 탈을 쓴 자기애도 아주 흔하기 때문입니다.

---

13 『빅터 프랭클』 빅터 프랭클, 특별한 서재, 2021, p71-72, p126

## 3. 역동적인 균형의 세계

앞서 욕망의 문제에는 크게 에너지의 균형과 지혜의 문제가 있다고 했습니다. 대극성을 가진 에너지이므로 욕망은 균형이 중요합니다. 앞서 언급했던 욕망과 조절 사이의 균형, 가속기와 브레이크 사이의 균형, 욕망과 현실 사이의 균형입니다.

그런데 여기에서 균형은 5:5와 같은 기계적인 균형이 아닙니다. 에너지는 변화하고 역동적이므로 내면 세계와 외부 환경의 상황에 따른 역동적 균형dynamic balance을 뜻합니다. 그래서 쉽지 않습니다.

역동적 균형을 위해서는 크게 두 가지 정도가 필요합니다.

첫 번째는 대립을 이루는 양쪽 에너지에 대한 이해입니다. 어떤 에너지와 에너지가 부딪히면서 균형을 위협하고 있는지를 아는 것이지요. 이후에 나오는 설명들은 그것을 위한 기본적인 지식과 개념들입니다.

두 번째는 대립하는 에너지 사이의 어떤 지점에서 양쪽을 바라보는 힘을 키우는 일입니다. 양쪽을 잡아 주는 무언가가 있어야 에너지의 균형을 이룰 수 있기 때문이지요. 그것은 자아 혹은 의식이 가진 힘인데, 그 힘을 키우는 방법이 따로 있습니다. 바로 홀딩holding이라는 멘탈 트레이닝입니다.

## 쾌락과 고통의 균형

고통은 아픕니다. 당연히 아픔은 피하고 싶고, 고통을 멀리하고 싶습니다. 열이 나고 배가 아팠던 기억이 싫었고, 잘못해서 혼났던 것이 싫었고, 주사 맞는 것이 무서워서 그랬을지도 모르겠습니다. 시험을 못 봐서 실망하고, 원했던 목표를 이루지 못하는 것이 괴로워서 그럴 수도 있겠지요. 놀면서 신났던 기억과 몸이 알려주는 즐거움과 쾌락을 경험하면서 더욱 그렇게 되었을 것입니다.

어른이 되어도 고통은 사라지지 않습니다. 소중한 사람을 잃기도 하고, 가까운 사람의 고통을 도와주지도 위로하지도 못하면서 바라만 봐야 할 때도 있습니다. 믿었던 친구로부터 이해하기 힘든 비난을 듣고 관계가 끊어지기도 합니다. 자신의 미숙한 결정으로 자산을 잃거나 좋은 기회를 상실하기도 합니다. 수년간의 노력이 수포로 돌아가는 경우도 꽤 자주 일어납니다. 갑자기 신체적 병이 생겨서 심신에 고통을 줄 수도 있습니다.

그렇지만 그 경험에서 고해苦海라고 불리는 삶에서 고통을 피할 방법이 없음을 알게 되고, 받아들이는 법을 배우게 됩니다. 또 고통, 고난, 스트레스가 그렇게 나쁜 것만이 아니라는 것도 느끼게 됩니다. 삶을 견디는 법을 배우고, 견디는 힘을 키워가는 것이 어쩌면 삶의 본질일지도 모릅니다.

일부의 사람들은 피할 수 없는 고통을 넘어서 자발적으로 고난에 뛰어드는 경우도 꽤 많습니다. 고생하면서 심신이 힘든 가운데 의미를 배우고, 어느 정도의 불행을 통해 살아가는 힘과 지혜를 깨우치는 것도 사실입니다. 나무도 가뭄을 겪으면서 뿌리가 깊어지는 것처럼 말이지요.


고통은 근본적이며 존재적입니다. 고통에는 근원적인 문제를 생각하게 하는 힘이 있습니다. 자신과 존재에 대한 질문을 던지는 것이지요. 고통은 객관적인 현실을 알게 합니다. 고통을 통해 존재에 집착했던 마음이 줄어듭니다. 인생에는 좋은 일만 있어야 한다는 유아적 마음이 변화하고, 시야가 넓어진다는 의미입니다.

또한, 고통은 예측 오류를 통해서 배울 수 있음을 깨닫는 기회를 줍니다. 고통을 통해서 자아를 넘어 자기로 가는 길이 열리기도 합니다. 과연 인간을 변화시키고 성장시키는 본질적인 경험으로서 시련이나 고통 이외의 다른 길이 있을까요?

사실 쾌락과 고통, 만족과 불쾌는 의외로 동일한 주소를 가지고 있습니다. 쾌락도 고통도 뇌의 동일한 분위에서 느끼기 때문입니다. 얼핏 보면 쾌락과 고통은 대립하면서 경쟁하는 것 같지만, 고통을 견딜 때 작은 자극에도 충분한 만족을 느꼈던 경험을 누구나 가지고 있을 것입니다. 적절한 고통이 더 큰 쾌락을 만들어 내는 것이지요.

고통은 쾌락에 대한 민감성을 높입니다. 그렇게 쾌락과 고통은 서로 균형을 이루고 보완합니다. 일종의 항상성homeostasis입니다. 실제로 몸과 마음이 고단하고 지쳤을 때 쾌락보다는 소소한 기쁨이 우리를 회복시켜 줍니다. 열심히 일한 후의 휴가가 달콤한 것처럼, 권태 혹은 고통이 있을 때 즐거움도 크게 다가옵니다.

고통, 고난, 불쾌, 지루함, 인내, 견딤, 절제는 모두 비슷한 에너지입니다. 그래서 고통은 무조건 피해야 하는 것이 아니고, 피하려고 한다고 피해지는 것도 아닙니다. 삶은 견딤의 미학이 필요합니다. 우리는 최대한 욕망을 탐구하고 추구해야 합니다.

하지만 가능하다면 천천히 즐길 필요가 있습니다. 맛있는 것을 아껴 먹으려는 마음이라고 할까요. 그 유명한 '마시멜로 실험'은 이러한 성향이 상당히 어린 시절부터 나타날 수 있음을 알려줍니다.

고통의 의미를 모두 알 수는 없지만 견딜 수만 있다면 고통이 선물로 바뀌는 것은 분명합니다. 그런데 너무 큰 고통을 겪는다면 어떨까요. 내가 선택하지 않았는데 겪어야 하는 고통도 있습니다.

의롭게 살았지만 모든 것을 잃어버리는 『성경』의 욥처럼, 남편은 죽고 아들은 유괴당한 후 살해당하는 영화 「밀양」의 주인공처럼, 제2차 세계대전 당시 홀로코스트에서 100명이 넘은 일가친척을 잃고 홀로 살아남은 열네 살의 소년이 성장하여 가정을 이루지만, 또다시 산불로 전 가족이 몰살당하는 고통을 겪은 마르틴 그레이처럼 고통은 자아를 부수고 망가뜨리기도 합니다. 우리는 견딜 수 없을 수도 있고, 의미를 알 수 없는 고통을 겪을 수도 있습니다. 한계를 넘어서는 고통의 의미에 대해서는 우리는 알지 못합니다. 오직 모를 뿐입니다.[14]

---

14 『나도 가끔은 내가 누군지 궁금하다』 김정수, 소울메이트, 2012, p275-276

## 리비도와 타나토스의 균형

리비도는 쾌락과 즐거움을 향해 우리를 추동하면서 만족과 좌절을 경험하게 하고, 우리는 그 속에서 성장합니다. 그러나 리비도는 만족 자체에만 몰두하므로 리비도만으로는 한계가 있기 마련입니다. 심리학에 관심을 가지는 사람들에게 타나토스라는 말은 낯설지 않을 것입니다. 쾌락, 성충동의 만족을 추구하는 리비도와 달리 죽음 혹은 소멸을 추동하는 에너지를 의미하며 죽음 충동이라고 합니다.

마블 스튜디오가 만든 흥행작인 「어벤져스」 시리즈에 나오는 가장 강한 악당 캐릭터는 타노스입니다. 타나토스에서 이름을 따왔겠지요. 그는 자신의 상처 때문에 우주의 상당 부분을 파괴하려고 합니다.

타나토스가 가진 이미지는 앞에서도 설명했지만 죽음과 파괴입니다. 정신치료psychotherapy 상황에서도 타나토스가 등장하곤 합니다. 병 때문에 힘들면서도 환자 스스로가 나아지지 않으려고 하고, 나아지고 편안해지는 것에 의미를 느끼지 못하며, 자신에게 손해가 되고 파괴적인 결과를 기꺼이 선택하며 자해하는 등 자기파괴 행동의 이면에는 의식에 영향력을 행사하는 타나토스의 에너지가 숨어 있습니다. 타나토스는 성장과 치료를 방해하는 주된 내적 동력으로 작동해서 환자와 치료자 양쪽 모두를 힘들게 합니다.

그런데 죽음과 파괴는 아직 미숙한 타나토스가 휘두르는 에너지의 반쪽에 지나지 않습니다. 타나토스의 진정한 의미는 죽음을 생각하는 힘에 있습니다. 죽음의 불가피성, 죽음을 생각할 때, 끝에 대해서 이해할 때만 생겨나는 에너지입니다. 의미가 가진 깊이, 관계가 가지는 의미, 가치에 관한 성찰이 그런 것이지요.

젊었을 때 목숨을 걸었던 일들을 떠올려 보세요. 나이가 들면 그것들의 중요성이 현저하게 떨어집니다. 경험의 영향이며, 호르몬의 영향이겠지요.

저는 어렸을 때 권투를 좋아했습니다. 세계 챔피언을 모두 외우다시피 했지요. 아마 힘에 대한 동경이었을 것입니다. 멋진 챔피언들이 많았지만, 영화 「록키」의 실존 모델이었던 록키 마르시아노 (49전 49승의 전설적인 무패의 복서)라는 선수가 있었습니다. 선수 생활을 더 할 수 있었지만, 돌연 은퇴를 해서 전설이 된 선수이지요. 시합에서 패배한 적이 없는데 왜 은퇴했을까? 어렸을 때는 도저히 이해하기 힘든 결정이었습니다. 그러나 나이가 들면서 그 마음의 어떤 부분을 알 수 있었지요.

끝이 다가와야만 알 수 있는 것들이 있습니다. 끝이라는 개념은 역설적으로 우리의 시야를 넓힙니다. 죽을 때가 되면 착해진다고 말하는 것도 비슷한 맥락이지요. 얼마 전 돌아가신 이어령 교수의 유작 『마지막 수업』을 보면 죽음을 앞둔 자의 담담한 고백과 삶에 대한 지혜를 느끼게 됩니다. 죽음을 기억하라는 메멘토 모리Memento mori가 그것이지요.

깊은 지혜는 타나토스와 연관됩니다. 지혜의 한쪽은 죽음에서 오는 것이 분명합니다. 지혜는 원래 에로스의 산물이고 에로스가 진화된 사피엔티아가 지혜의 원형입니다. 그렇지만 진정한 지혜는 타나토스가 에로스를 만나서 원을 이룰 때 완성되는 것이 아닐까요? 죽음과 파괴만을 의미했던 타나토스의 진화가 바로 욕망의 진화입니다.

## 나이와 욕망의 진화

시간이라는 에너지는 포도주가 숙성되듯 욕망을 변화시킵니다. 나이에 따라 달라지는 경향을 보이는 것이지요. 같은 나이라도 사람에 따라 관심사나 원하는 바는 다르기 마련이지만, 어느 정도 공통된 부분이 있습니다.

영아와 유아기 때는 아이의 에너지가 당연히 모성에 집중됩니다. 어머니를 느끼게 하는 후각, 시각, 촉각, 청각이 주된 통로인데, 특히 구강의 감각이 중요합니다. 생존을 위해서는 먹어야 하기 때문이겠지요.

담요, 인형과 같은 이행 대상transitional object과 놀이play가 그 뒤를 따릅니다. 자연스럽게 장난감을 찾게 되고, 함께 놀 수 있는 친구도 필요합니다. 요즘에는 컴퓨터가 친구의 많은 부분을 대신하면서 아이들의 정서적 성장이 충분하지 않을 가능성이 커졌습니다. 친구들을 통해서 다양한 인격을 만나야 하는데, 컴퓨터와 자신의 느낌에만 휘둘리기 쉬운 환경이지요.

유치원에 가거나 학교에 진학할 때쯤이면 부분적이지만 세상을 향해 욕망이 열려야 합니다. 이 시기에 중요한 것이 아버지, 즉 부성과의 관계입니다. 이 과정이 원만하기 위해서는 어렸을 때부터 조금씩 쌓아 온 아버지와의 친밀한 시간이라는 저축이 필요합니다.

청소년기와 초기 성인기에는 자신이 원하는 것에 대해 고민해야 하는 시기입니다. 자신이 무엇을 원하는지, 어떤 활동이 자신에게 기쁨이나 만족을 주는지를 경험하려고 노력해야 합니다. 또 자신이 원하는 것을 상대에게 표현하는 연습도 필요합니다.

대학 진학, 미래의 진로 등 현실적 기반을 가지기 위한 준비로 스트레스를 많이 받는 시기이기도 합니다. 조금 더 깊은 친구 관계, 외모 그리고 공부, 성적, 대학 진학 등이 중요한 이슈가 되지요. 무거운 고민을 감당할 힘은 자신에 대한 사랑에서 나온다는 것을 강조하고 싶습니다.

20대 성인이 되면 현실이 무엇인지 구체적으로 알아야 합니다. 자신이 원하는 것을 현실에서 어떻게 얻을 수 있는지 고민하면서 좌절도 겪고 성취도 경험해야 합니다. 자신의 욕망과 현실이 대립하면서 삶의 무게가 만만치 않음도 느끼게 됩니다. 현실과 욕망의 지나친 간극으로 인해 정신병리가 생기는 것도 살펴야 하지요. 그렇게 현실에 쫓기어 바쁘게 살다 보면 어느새 훌쩍 나이가 듭니다.

삶의 동반자를 찾아야 하고, 결혼이라는 중요한 이슈를 만나야 합니다. 요즘은 결혼의 필수성이 상당히 줄어 들었고, 결혼하는 나이도 늦어지는 추세입니다. 결혼한다면 부부 관계라는 달콤하면서도 씁쓸할 수 있는, 친밀하면서도 외로움을 느껴야 하는 어쩌면 가장 역설적인 관계를 경험합니다. 물론 아닌 사람들도 있겠지요.

사랑에 대한 개념이 왜곡되어 있거나, 힘에 대한 콤플렉스가 있을 때 부부 관계는 갈등과 전쟁의 연속으로 변질되기 쉽습니다. 그럼에도 갈등을 이해하고 잘 넘어간다면 사랑의 변주곡을 함께 작곡하고 연주하는 인생의 동반자라는 선물을 얻게 될 것입니다.

또 2세를 어떻게 할 것인지도 함께 고민해야 합니다. 자녀가 생긴다면 자신을 닮은 또 다른 생명을 바라보는 경이와 기쁨을 경험할 것입니다. 하지만 시간이 지나면 양육이라는 쉽지 않은 또 다른 여정 앞에 서야 함을 깨닫는 시기가 오지요. 사랑하면서도 원망하고 대립하기도 했던 부모의 마음을 일부나마 공감하는 시간이기도 하고요. 결혼 생활은 무엇보다 물질의 문제, 돈에 대한 개념을 요구합니다. 물질과 돈, 경제 관념이라는 현실의 또 다른 무게를 느끼면서 풀어 가야 합니다.


중년 이후는 본격적으로 욕망이 진화하는 시간입니다. 현실의 기반을 공고히 하면서도 삶의 의미를 이해하고 자신만의 의미와 이야기가 생겨나야 합니다. 앞서 설명한 바와 같이 리비도를 넘어서 타나토스를 이해하는 것이고, 사랑과 지혜를 경험하고 익혀 가는 과정에서 자연스럽게 생겨날 것입니다.

그동안의 경험에서 배운 것들을 바탕으로 각자의 내면에 잠자고 있는 자기원형self archetype(개인으로 하여금 다른 사람이 아닌 그 자신의 전체가 되도록 자극하는 원형 에너지)의 도움을 받으면서 자아에서 자기로의 이행, 개성화individuation가 이 시기에 주로 일어납니다.

욕망의 진화는 시간과 경험, 특히 고생이 있는 경험을 요구합니다. 욕망의 진화를 통해 개인은 인격과 삶의 전체성을 조금이나마 느끼게 됩니다. 이때 무의식을 이해하는 것, 특히 내면의 아니마와 아니무스와의 관계를 이해하는 것이 매우 중요합니다. 그러면서 노년과 죽음을 준비하게 되겠지요.

### 마음의 중심에서 견딤을 외치다

에너지의 균형을 위한 실제적인 훈련은 홀딩holding입니다. 홀딩은 대극성의 에너지 사이에 서는 것입니다. 대극성이 부딪히는 그 지점은 다양한 모양을 가지고 있으며, 간극의 정도도 모두 다릅니다.

자신의 내면을 이해하며 의식이 점차 명료해지면 마음을 바라보는 힘이 생겨납니다. 그때 자신의 의식을 갈등이 느껴지는 곳, 대극성이 대립하는 곳, 지진의 진원지 같은 바로 그 지점에 머무르게 해야 합니다. 그러기 위해서는 먼저 마음의 지도를 통해 대극성의 좌표, 문제 지점을 확인해야 합니다. 과거의 자신을 알아야 하는 이유입니다. 그리고 그 지점에서 자리를 잡고 견디는 것이 홀딩입니다.

홀딩을 위해서는 양쪽에서 오는 압력을 견딜 힘이 필요합니다. 그런데 대립하는 에너지를 느끼면서 양쪽을 볼 수 있는 곳은 대부분 바닥이 고르지 않아서 발을 둘 곳조차 마땅치 않습니다. 보이지 않는 구덩이가 있기도 하고, 늪처럼 빠져들기도 쉽습니다. 또 경사가 아주 급하고 바람이 세차게 불어서 서 있기가 힘든 곳이 대부분입니다. 의식이 쉽게 미끄러지는 것이지요.

의식이 미끄러지면 의식의 에너지는 한쪽에 갇혀 버리게 되고, 대극성의 한쪽 면만이 의식을 지배하게 됩니다. 그렇게 되면 의식은 시야가 좁아지고 마음도 급해집니다. 또 소외된 반대쪽 에너지는 자신도 모르게 강해지면서 거칠게 반발합니다. 의식은 다시 양쪽의 에너지 사이에서 휘둘리게 되지요.

홀딩을 방해하는 것은 여러 가지 불편한 감정들과 너무 많은 생각입니다. 이 감정들의 뿌리는 과거와 닿아 있는 경우가 대부분이지요. 해결되지 않아 응축되어 강한 에너지로 남아 있는 과거, 스트레스가 너무 많아 심해진 불안과 우울은 DMN(기본 모드 신경망)

을 과하게 자극합니다. DMN의 활동이 너무 강해지면 내면에서 올라오는 불필요한 잡념과 생각이 많아집니다. 적절한 홀딩을 위해서는 스트레스를 관리하고 정서를 조율하며 스스로를 이해하려는 노력이 필요합니다.

생각이 많을 때 그 간극들을 자세히 살펴보면 이런 것들이 있습니다.

무언가를 시도하려는 마음과 해 봤자 안 될 것이라는 두려움 사이의 간극, 변화하고 싶은 마음과 그 과정이 힘들게 느껴지면서 관두고 싶은 마음의 간극, 가까운 사람과의 갈등을 해결하고 싶은 마음과 오히려 상처만 받을 것 같아서 체념하고 싶은 마음의 간극, 배우려는 마음과 모르는 것에 대한 공포 사이의 간극, 도전과 좌절의 간극, 깨끗하게 치우려는 마음과 귀찮은 마음의 간극, 사랑하고 싶은 마음과 미움의 간극, 충동으로 가득 찬 욕망대로 행동하고 싶은 마음과 그 욕망을 질책하려는 마음 사이의 간극, 습관을 바꾸고자 하는 의지와 소용이 없을 것 같은 냉소적 마음 사이의 간극, 어떤 욕망과 심한 죄의식의 간극….

개인에 따라 수많은 간극이 존재하지만, 그 현상은 대부분 자아와 슈퍼에고의 간극, 욕망과 현실의 간극이며, 의식과 무의식의 간극입니다. 유년 시절에는 그것이 자신과 부모 에너지 사이의 간극이었을 것입니다. 물리학적으로 표현하자면 높은 엔트로피와 낮은 엔트로피 사이의 간극이지요.

마음에서 간극이 느껴졌을 때, 바로 그때가 중요합니다. 핵심은 극복하고 해결하는 것이 아니라 두 가지 마음, 두 에너지가 부딪히는 바로 그 지점에 '그냥 서는 것'입니다. 대립과 충돌의 파열음이 들리고 갈등과 불안의 파도가 밀려올 때 그 파도에 휩쓸려 갈등의 주변부로 떠밀려가지 않는 것입니다. 또한 의식이 미끄러지지 않고 갈등의 중심에 서서 머무르면서 견딤의 시간을 가지는 것이지요. 견딤을 수행하는 것, 그것이 '홀딩'입니다. 그렇게 시간이 지나갑니다.


그동안 자아를 압박하고 덮치던 거대한 파도와 파열음이 어느 순간 줄어들면서 약해지는 것을 느끼기 시작합니다. 그러다가 거대한 압력이 미세하지만 살아 있는 떨림과 진동으로 변화되는 것을 느끼는 순간이 옵니다. 그 순간의 희열은 화살을 떠나보내는 활의 떨림처럼 내면을 울리게 됩니다.

그때 커다란 간극은 작은 사이로, 괴리는 경계로 변화되기 시작합니다. 작은 기적이 일어나는 것이지요. 그리고 가파른 경사 길은 넓은 광야로, 좁은 평균대처럼 보였던 그곳은 평평한 마루가 되어 굳건히 설 수 있는 자리로 변하고, 통합을 향한 여정을 시작하는 이정표가 세워집니다. 홀딩은 대극성을 이해하는 것이고, 서야 할 자리를 아는 것이며, 그 자리에서 미끄러지지 않고 견디는 것입니다.

중요한 것은 꾸준히 무언가를 경험하는 것입니다. 홀딩은 그 자체가 목적이 아닙니다. 충분히 홀딩한 다음 움직이기 위한 것이지요. 세상의 모든 것은 변화하고, 고정과 멈춤은 사실 존재하지 않습니다. 그렇다고 믿고 착각하는 것뿐입니다. 속도에 차이가 있을 뿐 모든 것은 움직이고 변화합니다. 무언가를 소유하고 있다는 것도 변화라는 사실에서 보면 순간의 느낌이며 착각이 아닐까요?

그런데도 우리의 의식은 좋은 것에, 행복이라는 느낌에, 성공이라는 착각에 멈추어 있으려고 합니다. 간극이 존재하지 않는다고 믿고 싶은 것이지요. 공백이 사라졌다고 믿으려는 마음입니다.

앞서 평균대가 마루가 된다고 표현했습니다. 많은 사람이 인생을 평균대 운동처럼 살아갑니다. 좁은 평균대 위에서 떨어지지 않으려고 조바심을 내고 발버둥 치는 삶이지요. 중요한 발표를 앞두고, 대학 입시나 입사 시험을 앞두고, 큰 시합을 앞두고, 무언가 중요한 선택을 해야 하는 상황이 되면 자신이 평균대 위에 서 있음을 생생하게 느끼게 됩니다. 평균대라는 좁은 공간은 성공이냐 실패냐를 결정하는, 결코 떨어져서는 안 되는 절박한 자리로 다가오지요.

그러나 평균대는 어떤 목표를 달성하는 것과 그것을 준비하는 과정 사이의 간극을 경험하는 공간이며, 긴장하지만 노력하면서 무언가를 쌓아가는 공간입니다. 인생을 평균대에서 떨어지지 않는 게임으로만 받아들인다면 당연히 떨어져서는 안된다는 강박관념이 생겨납니다.

그러나 인생이라는 게임은 평균대에서 떨어지지 않아야 높은 점수를 따는 게임이 아닙니다. 떨어졌어도 다시 올라와서 균형을 잡을 때 점수가 올라가는 게임입니다. 어차피 떨어지지 않는 것은 불가능합니다. 하지만 그렇게 떨어졌는데도 계속 올라가다 보면 자신도 모르게 점수가 올라가면서 평균대가 넓은 마루로 변화하는 마법을 경험할 것입니다. 인생이 생존 게임에서 성장과 경험의 게임으로 변화하는 것입니다. 삶이 예술이 되는 순간이지요.

# 4. 인생을 항해하는 데 반드시 필요한 것

　사람들은 흔히 인생을 항해에 비유합니다. 항해는 새로운 곳으로 인도하고, 땅에서는 볼 수 없는 깊고 푸른 바다와 아름다운 석양을 볼 수 있게 하는 등 멋진 경험을 선사하지만, 때로는 파도와 날씨라는 통제할 수 없는 환경과 미래를 맞서야 하는 힘든 과정이지요.

　항해에서 가장 중요한 것은 자신의 무엇을 통제할 수 있는지 아는 지혜이며, 자신의 배가 어디에 있고 어디를 향해 가는지 인지하는 것입니다. 우리는 모두 나의 욕망이 무엇이고, 그 욕망이 어디에 위치하고 있으며, 그것이 어디를 향해 가는지 알기 위해 노력할 필요가 있습니다.

　앞서 욕망의 문제에는 무지 그리고 무지와 연관된 위선이 있으며, 또 무능과 그로 인한 불만족이 있다고 했습니다. 그것을 풀기 위해선 지혜가 필요하다고 말했지요. 지혜라는 거대한 담론은 책 몇 권으로도 담지 못할 것입니다. 저에게는 그럴만한 능력도 없습니다. 단지 욕망을 이해하는 데 필요한 지혜wisdom에 대해 언급해 보려고 합니다.

지혜를 이해하고 얻는 일은 쉽지 않습니다. 총명했던 솔로몬Solomon도 신에 대한 간구와 응답으로서 간신히 지혜를 얻게 되지요. 개인적인 노력만으로 지혜가 생겨나는 데 한계가 있다는 의미가 아닐까요? 욕망의 진화와 삶의 성장을 위해서는 지혜가 필요합니다. 그렇다면 지혜의 시작은 무엇일까요?

## 지혜의 시작

의식은 항상 무엇인가를 지향하고 원하며 그 대부분을 바깥에서 느낍니다. 그러나 사실 모든 것은 내면에서 시작합니다. 안에서 시작된 것이 밖으로 투사되어 개인의 현실이 되니까요.

나의 세계는 나의 욕망입니다. 욕망이 투사, 투영되어 구성되고 만들어진 세상이지요. 그런데 안은 쉽게 보이지 않습니다. 선명하게 보이는 밖도 사실은 부분에 불과하지만 우리는 그것을 전부로 인식합니다. 그래서 우리의 의식과 인식은 한계를 가질 수밖에 없습니다.

이 한계를 아는 것, 무지를 아는 것이 지혜의 출발입니다. "나는 내가 아무것도 모른다는 사실만을 안다"는 소크라테스Socrates의 명언처럼 말이지요. 무지를 알 때, 보이는 것이 다가 아니라는 것을 깨달을 때 지혜가 나타납니다.

세상은 사건들의 총합이지만 우리의 의식이 다가설 수 있는 사건은 그중 일부에 지나지 않습니다. 우리는 일어나는 일들의 일부만을 보고 들을 수 있습니다. 자외선을 볼 수 없고, 초음파를 들을 수 없다는 것은 아주 일부의 예에 지나지 않습니다. 아는 것보다 모르는 것이 항상 많을 수밖에 없으며, 많이 알수록 모르는 것도 그만큼 많아집니다. 그럼에도 그것들이 존재하듯, 많은 상황과 사건들이 우리의 감각과 지각을 넘어섭니다.

의식은 항상 예측하고 앞서갑니다. 항상 예측하지만, 예측에 한계가 있고 예측 오류가 일어납니다. 또 우리는 대부분을 기억에 의존하지만, 기억 또한 한계가 많고 쉽게 왜곡되는 것도 사실입니다. 무엇보다도 근원적인 에너지인 욕망과 충동을 조절하기 힘들다는 것을 알고 받아들이는 것도 쉬운 일이 아닙니다. 이러한 것들을 알고 받아들이는 것이 지혜이며 알아차림입니다.

모르면 그냥 놔두는 것이 지혜입니다. 흔히 내려놓음이라고도 하는 놔둠은 무관심 혹은 회피나 외면이 아니며 생각보다 쉬운 일도 아닙니다. 자신의 무지를 알고 그 무지를 받아들일 때, 여유와 믿음이 있을 때, 놔둘 수 있는 힘이 있을 때 조심스럽게 내려놓을 수 있습니다.

존재에 대한 불안이 클 때, 자신의 가치에 대한 의심이 많을 때, 성취에 대한 압박을 견디지 못할 때, 힘과 권력에 대한 욕망이 너무 강할 때, 또 유아적 욕구가 너무 강한 사람은 항상 빨리 판단하고 증명하려고 하므로 무지를 견디지 못합니다. 과정을 건너뛰려고만 합니다. 잘 알지 못하면서 제한된 정보와 부분적인 사실만으로 전체를 보고 있다고 느끼고 확신합니다. 우리는 그런 존재이지요.


어른이 되어 배우자를 찾으면 우리는 결혼을 준비합니다. 그런데 우리가 준비하는 것의 대부분은 결혼식입니다. 또 결혼해서 살 공간이나 물건들, 즉 물질을 준비합니다. 물론 중요한 것이고 준비해야 하지요. 안타깝게도 결혼 생활과 배우자와의 관계에 대한 준비는 거의 없는 것 같습니다. 그래서 결혼 생활이 쉽지 않고 자신이 생각했던 결혼과 현실이 다르다고 느끼는 것이 아닐까요?

누구나 소중히 여기는 돈도 마찬가지입니다. 대부분 사람들은 돈 자체를 잡으려고만 하지 돈을 담을 수 있는 마음과 정신의 그릇을 키워야 한다는 사실을 알지 못하거나 피상적으로만 알뿐입니다. 그래서 많은 사람이 진짜 부자가 되지 못하는 것 아닐까요?

목적을 의식하고 계획하는 것과 목적에 도달하는 것은 전혀 다른 문제입니다. 눈에 보이지 않는 것을 보는 것, 목적 달성과 목적 자체는 별개라는 것을 구별하는 것이 지혜입니다. 자신의 무지와 한계를 이해하고 받아들일 때 지혜가 움직일 수 있는 공간이 마련됩니다. 지향성이 너무 강하거나 과도한 목적성은 우리의 눈을 멀게 합니다. 태양을 보고 가지려는 욕망이 눈을 멀게 하는 것이지요. 지혜를 앗아가는 겁니다.

지혜의 내용

지혜는 알아차림이고 앎입니다. 모르는 것을 아는 것, 무지를 아는 것, 한계를 아는 것이 지혜의 시작입니다. 그리고 욕망을 아는 것, 무의식을 아는 것은 지혜를 확장시킵니다. 진짜 욕망은 자신을 깊게 숨기고 쉽게 드러내지 않습니다.

의식은 무의식 속에 숨어 있는 자신의 욕망을 보기 어렵습니다.

경험이 빈약하고 협소한 에너지를 가진 의식일수록 더욱 그렇지요. 의식의 시야가 좁고 그릇이 협소할수록 욕망의 파편들이 투사되기만 할 뿐 진짜 욕망은 무의식에서 나오지 못합니다. 무의식 속의 욕망은 욕망의 무의식성이기도 합니다.

무의식의 욕망은 무엇을 원하며, 어떤 방식으로 만족하려고 할까요? 욕망의 만족이 난관에 부딪힐 때 내적인 요인들과 외적인 요인들은 각각 어떻게 작용할까요? 욕망은 그것을 대변할 수 있는 표상을 찾아내고 그것으로 이동하려는 경향을 보입니다. 이 과정에서 상징이 중요한 역할을 하지요.

그러므로 상징과 그것이 투사된 표상의 관계를 이해하는 것이 중요합니다. 무의식을 알아야 하는 이유입니다. 나아가 무의식의 가장 깊은 곳에 있는 공백을 이해하고 아는 것, 알려고 하는 것이 지혜입니다. 이러한 앎들은 자연의 이치와 삶의 원리를 깨우치게 돕습니다. 자연스럽게 지혜가 생겨나는 것이지요.

지혜는 앞을 향해, 만족만을 위해 달려만 가려는 욕망의 약점을 보완합니다. 지혜는 지금 어디로 그렇게 달려가느냐고 물으면서 욕망을 불러 세웁니다. 공백을 채우려고 하기 전에 그것을 아는 것이고, 의식의 후행성을 아는 것이 그런 것이지요.

우리는 너무 모르기 때문에 자꾸 예측하려고 할지도 모릅니다. 그러나 예측은 대부분 빗나갑니다. 원했던 것은 쉽게 멀어지고, 걱정했던 것의 대부분은 일어나지 않지요. 확실히 지혜는 앎이기도 하지만 어떤 태도와 가깝습니다.

지혜를 가지기 위한 또 하나의 태도는 감사입니다. 무엇인가에 대해 진정으로 감사한 마음이 생겨날 때 만족에 가까워질 수 있습니다. 감사는 숨 가쁘게 달려가는 욕망에 쉼표를 찍어 줍니다. 일시적이지만 욕망을 종결시킵니다. 그래서 다음으로 넘어갈 수 있게 됩니다.

복잡한 현실에서 다른 것으로 관심을 이동시킴으로써 마음이라는 복잡계가 제대로 작동하게 됩니다. 감사해야 하는 이유입니다. 반면 불만과 원망은 에너지가 계속 그곳에만 머무르게 합니다. 소모되고 시야가 좁아지질 수밖에 없습니다. 모든 일에 감사하라는 성경의 가르침을 실천하기는 어렵지만 그러한 태도를 익히기 위해 노력할 가치는 충분합니다.

어려움이 생겼을 때는 '그 어려움이 생긴 진짜 이유는 무엇일까? 문제의 본질은 어디에 있을까?'라고, 개인에게 문제가 생겼다면 '타고난 것일까, 환경의 영향일까? 능력의 문제일까, 태도의 문제일까?' 등을 질문해 보면 도움이 될 때가 많습니다.

또 관계에서 문제가 생긴 것 같다면 '나의 문제일까 타인의 문제일까?', 대화에서 자꾸 갈등이 생긴다면 '말하는 내용에 문제가 있는 것일까 아니면 말하는 방식이 부담을 주는 것일까? 도대체 관계라는 것은 어떤 의미일까?'라고 질문해 봅시다. 힘든 상황에 놓였다면 '시간의 문제, 즉 적응을 위한 시간이 필요한 것일까, 아니면 본질적으로 무언가 맞지 않는 것일까?'라고, 스트레스를 받는 일이 생겼을 때는 '그것 때문에 힘든 것일까, 아니면 다른 원인이 있어서 스트레스가 생긴 것일까?'라고 질문해 보는 것이지요.

이러한 질문들은 지혜를 일깨우고 움직이는 힘이 있습니다. 지혜는 목적과 수단, 원인과 결과, 본질과 형식, 완벽과 완벽주의, 도덕과 도덕주의, 책임과 책임감, 가치와 가치 있다는 느낌이 다름을 알고 분별합니다.

구별하고 분별하는 것이 지혜이지만, 준비되지 않은 성급한 구별과 분별은 판단과 선입견의 또 다른 모습이라는 것도 유념할 필요가 있습니다. 그렇게 때가 되면 구별과 분별에서 무분별과 무경계라는 또 다른 세상으로 나아가게 되겠지요.

### 지혜의 속성

만성적으로 정신적인 문제를 가지고 있는 사람들의 공통점 중의 하나는 지혜가 부족하다는 것입니다. 모순된 생각을 동시에 이루려고 하고, 이상적이고, 모든 것을 가능하게 만들고자 하며, 어떤 상황을 부정적으로 해석하려는 경향이 있습니다. 또 매우 주관적이며 경직된 사고방식을 가지고 있습니다. 과하게 예민해서 불필요한 자극에 에너지를 소모하고 휘둘리곤 합니다.

지혜를 얻는 또 다른 접근법은 지혜가 부족할 때 나타나는 이러한 속성들을 이해하면서 조금씩 변화하려고 노력하는 것입니다. 모순을 인정하는 것, 이상으로 향하면서도 현실을 냉정하게 바라보는 것, 가능하다면 긍정적인 면을 찾아내는 것, 타인의 관점으로 나아가 객관적으로 자신을 바라보는 것, 유연하게 생각하려고 하는 것, 작은 부분은 때로는 무시하고 넘어가려는 태도를 이해하고 받아들이는 연습입니다.

문제가 생겼을 때 문제 자체를 해결할 방법은 없는 경우가 더 많습니다. 지혜는 문제를 없애는 것이 아니라 문제를 바라보는 관점과 태도를 변화시키는 능력입니다. 문제 자체는 그대로일 수 있지만 다양한 관점을 가지는 것이지요.

예를 들어 빨리 판단하지 않는 태도, 다양한 관점으로 바라볼 수 있는 능력, 이성과 감정의 조화와 통합, 본질과 현상을 구별할 수 있는 통찰은 지혜의 구체적인 내용이며 속성입니다. 문제라고 여겼던 것에서 그 이전에는 알지 못했던 새로운 통찰과 깨달음을 얻는 경우는 너무나 많습니다. 나이가 들수록 지혜가 커지는 경향을 고려해 보면 다양한 경험이 필요한 것은 분명합니다. 때로는 우화나 동화 같은 간단한 이야기가 지혜를 일깨웁니다.

지혜는 다양한 구성 요소를 가집니다. 우선 어느 정도의 정보와 지식이 필요합니다. 상대성, 맥락주의, 불확실성을 견디는 것, 장기적 안목, 겸손한 마음, 공감과 수용도 지혜를 가지기 위한 구성 요소입니다. 자신에게 필요하다고 느껴지는 요소에 대해 깊이 생각해 본다면 많은 도움이 될 것입니다.

무엇보다 지혜는 내면 에너지의 상태입니다. 폭풍우가 휘몰아치듯 혼란과 불안이 엄습하고, 무엇인가에 꽂혀서 눈에 불을 켜고 달려가고, 뭔가에 사로잡혀 있는 상태에서는 지혜가 나올 수 없습니다. 이글거리는 욕망이, 불안이 가라앉아야 지혜의 여신은 비로소 자신의 얼굴을 의식에게 보여 줍니다. 고요하며 맑은 표면을

가진 호수처럼 차분하고 고요하면서도 깊은 마음의 상태라고나
할까요?

그래서 지혜의 원형이 아니마입니다. 아니마가 발전하고 진화
하면 사피엔티아라는 지혜와 이어집니다. 어렸을 때 어머니, 모성
과의 관계가 중요하고, 나이가 들면 내면의 모성 원형과의 관계에
서 지혜가 성장합니다.

어려서 들었던 어머니와 할머니가 들려준 옛날이야기는 대부분
지혜에 관한 이야기들이지요. 의식이 할 수 있는 일은 이러한 사
실을 잘 이해하고 알려고 노력하는 것뿐입니다. 억지로는 되지 않
습니다. 지혜를 원한다면 스스로 물어보세요.

"나는 지금 어떤 상태인가? 나의 내면의 날씨는 어떠한가?"

멈추고 고요해질 때 지혜가 거기에 있다. 그저 보고 들어라. 그러면 지혜가
찾아올 것이다. 이것이 전부이다.

_에크하르트 툴레

## 마음으로 보는 마음

지혜는 알아차림awareness입니다. 마음과 정신의 가장 위대한 능력은 마음이 작동하는 것을 아는 능력입니다. 알아차림이지요.

비슷한 표현들이 꽤 있습니다. 마음추론theory of mind, 마음을 헤아리는 마음mind-mindedness, 정신화mentalization, 메타인지 meta-cognition, 마음보기mindsight 등이 그런 용어들입니다. 개념 의 차이는 있지만 모두 의식이 무엇인가를 느끼고 경험하는 것을 아는 마음의 상태를 표현합니다.

눈은 눈을 보지 못하지만, 마음은 마음을 봅니다. 스스로를 보면 서 보고 있음을 인지하는 것이지요. 깊은 알아차림은 보지 못함을 아는 것이며, 모르고 있음을 아는 것입니다. 여기서 앎은 알고 있 다는 자족 상태에 안주하는 것이 아니라, 알고 있지만 저 건너에 또 다른 것이 있음을 깨닫는 앎입니다. 이때 의식은 앎의 한계이 자 무지와의 경계에 서 있게 됩니다. 알아차림으로써 그 한계와 경계를 건너가고 새로운 관계가 열립니다. 알아차림은 지혜로 이 어집니다.

그러므로 알아차림은 깨달음이자 자각입니다. 몰랐던 것을 알 게 되는 것이며, 모르고 있음을 알아차리는 것입니다. 나의 마음이 어떤 연유로 인해 중심에서 벗어나 단순한 감각의 에너지에 휩싸여 있음을, 감정적인 에너지에 사로잡혀 있음을 깨닫는 것이기도 합니다.

알아차림은 나의 현재가 단순한 현재가 아니며 나의 과거와 미래가 함께 있음을 아는 것입니다. 이것은 새로운 차원으로의 이동이며 동시에 의식의 확장입니다. 보지 못했던 세계가 있음을 보는 것이며, 듣지 못했던 대상이 있음을 아는 것이고, 타인이 존재함을 느끼는 것입니다. 정지되고 죽어 있는 것처럼 보였던 것에도 움직임이 있고 생명 현상이 진행되고 있음을 알아차리는 것이지요.

이것을 경험한 사람은 자신과 대상 사이에 일시적으로 경계가 사라지는 희열과 흥분 그리고 충만함을 느낀다고 합니다. 알아차림을 훈련하면 실제로 뇌에서 여러 변화가 생깁니다. 명상, 마음훈련, 알아차림에 대한 여러 연구가 있지만, 공통적인 결과는 전전두엽의 기능이 발달하며, 뇌파에선 감마파와 같은 변화가 나타나는 것입니다.

알아차림은 하나의 씨앗입니다. 의식은 그 씨앗에서 성장하고 확장됩니다. 알아차림은 의식이 무의식의 존재를 느끼고 수용하는 것이며, 외현적 기억과 암묵적 기억이 만나는 것입니다. 의식이 기존의 영역을 넘어서 확장될 때 느끼는 짜릿한 경험이며 체험입니다. 알아차림은 알고 있다는 주관적 상태와 그것을 객관적으로 바라보는 또 다른 의식이 만나는 것입니다. 그래서 알아차림은 주관성과 객관성이 연결되는 통합적인 경험입니다.

만약 알아차림이 두 사람 사이에서 생기면 두 사람 모두에게 신선하고 좋은 에너지를 줍니다. 심리 치료에서 그러한 경험이 자주 일어나지요. 내담자의 의식이 확장되면서 인식의 변화가 일어나며, 치료자에게도 아주 좋은 경험을 줍니다. 무의식에 대한 접근이나 꿈의 분석은 알아차림을 위한 좋은 재료입니다. 누구에게나 알아차리는 능력이 내재되어 있는데, 융은 그것을 자기원형self archetype이라고 했습니다.

알아차림은 '알아차리는 의식'과 '알아차림의 대상'이 만나는 것입니다. 연결이며 관계이지요. 알아차리는 의식은 자기원형에서 나오는 오염되지 않은 맑은 의식입니다. 다르게 표현하자면 마음의 중심core과 공백의 가운데에서 생겨나서 서서히 확장되는 에너지입니다.

의식은 안과 밖의 끊임없는 자극에 노출되고 상호작용하면서 에너지가 변화하고 요동칩니다. 지금 자신의 의식이 안과 밖의 무엇과 연결되어 있는지, 의식의 주의력이 어디로 흘러가는지를 알아차리는 훈련은 맑고 고요한 의식 상태를 유지하는 데 큰 도움을 줍니다.

알아차림의 구체적인 대상은 의식을 둘러싼 모든 관계입니다. 그것들의 범주에는 감각과 지각, 감정과 사고, 그리고 세상과 타인이 있습니다. 감각에는 신체에서 오는 내부 감각, DMN(기본 모드 신경망)과 외부 자극에서 오는 감각으로 구분됩니다. 호흡이나 걷기와 같은 몸의 움직임을 통해서 신체 감각에 주의를 기울이다 보면 현재의 감각과 느낌을 알아차리게 되며 의식이 맑아집니다.


감정과 사고는 다소 복잡할 수 있습니다. 감정을 일으키는 이유와 기제는 상당히 복잡하고 무의식이 작동하기 때문이지요. 단순한 잡념들처럼 어디서 생겨나는지 알 수 없는 생각도 많습니다. 그러나 그 느낌과 생각을 따라가다 보면 감정이 고요해지고 생각이 줄어들다가 사라지는 순간을 만나게 됩니다. 공백의 근처에 도달하는 것입니다.

알아차림의 본질은 마음과 의식에서 일어나는 에너지의 흐름을 아는 것입니다. 어떤 에너지가 어디에서 나와서 어떤 방식과 패턴으로 흘러가는지 알고 이해하는 것입니다. 그것은 자신의 욕망을 제대로 아는 것이며, 그 욕망이 어떤 방식으로 자신을 움직이는지 깊게 이해하는 것입니다. 그리고 때가 되면 그 욕망의 발원지인 마음의 중심과 공백을 알아차리게 됩니다.

유레카, 돈오頓悟처럼 갑자기 깊은 깨달음이 찾아오기도 하지만, 연습하고 준비가 되었을 때 나타날 확률이 커집니다. 그러한 알아차림을 돕는 질문들은 다음과 같습니다.

"지금 나의 관심과 주의력은 어디로 왜 향하는가? 지금 나는 무엇을 보고 있고 듣고 있는가? 지금 나의 내면에선 어떤 느낌이 일어나고 있는가? 자주 느껴지는 감정은 어떻게 표현할 수 있는가? 그런 느낌은 어떤 연유와 맥락에서 생겨나는 것 같은가? 나의 생각은 무엇을 지향하는가? 나는 무엇을 원하고 무엇을 욕망하는가?"

# 5. 하나에서 둘로, 존재에서 관계로

'하나' 하면 무엇이 떠오르나요? 살다 보면 '우리는 하나다', '한 공동체로서의 사회', '우리 모두 하나가 됩시다' 등의 사회적 슬로건을 자주 보게 됩니다. 개인적으로는 외로움, 고독과 같은 다소 부정적인 느낌에서 완전함과 완벽함 혹은 갈등 없음이라는 긍정적인 느낌까지 '하나' 라는 기표와 연결되어 있습니다. 신 혹은 절대자라는 기표도 하나의 완전하고 완벽한 어떤 존재라는 의미이겠지요. 하나는 그렇게 매력적인 개념으로 우리에게 새겨져 있습니다.

우리가 살고 있는 자기애의 시대, 욕망의 시대는 필연적으로 주체가 강조됩니다. 주체는 존재와 이어집니다. 나의 생각, 나의 가치, 나의 감정이 중요합니다. 그래야 살아갈 수 있습니다.

존재감이 없는 것처럼 느껴질 때, 존재감을 무시당하는 것처럼 경험될 때 우리의 자존감은 심한 상처를 입습니다. 존재감의 좌절은 이성을 마비시킬 정도로 분노를 불러오기도 합니다. 세상에서 살아갈 힘을 잃어버리기도 하고요.

위대한 작가이자 현인이었던 헤르만 헤세Hermann Hesse도 존재감 때문에 받았던 상처를 고백합니다.

젊은 날에 돈과 권력이 많은 사람이 자신을 업신여기는 듯한 태도로 대할 때 움켜쥔 주먹을 숨기며 참아야 했던 순간들이 있었으며, 어느 모임에서 낡은 양복의 꿰맨 부분을 애써 손으로 가리려고 했던 순간이 있었다.[15]

우리 같은 평범한 사람들은 말할 것도 없겠지요. 이미 지난 20세기 초반에 실존주의라는 거대한 사조가 지나간 바 있습니다. 존재라는 것은 매력적인 개념입니다. 여기에서는 조금 더 깊은 이야기를 해 보려고 합니다.

과연 '존재'가 존재할까요?

---

15 『삶을 견뎌내기』 헤르만 헤세, 이레, 2004

## 존재인가 관계인가

인간은 스스로를 인식하는 유일한 주체입니다. 자기인식은 축복이자 저주이기도 합니다. 본래 자기인식은 존재감과 자기애를 줌으로써 생존과 발전을 위한 에너지가 됩니다. 하지만 삶의 시간이 흐르면서 자기부정과 불안이라는 뒷모습을 보여 주기 시작합니다.

자기인식은 자의식, 메타인지, 자기인식적 의식, 슈퍼에고 등 여러 기표를 통해 다양한 에너지를 갖습니다. 자의식과 슈퍼에고는 불안과 처벌을 느끼게 하고, 메타인지와 자기인식적 의식은 스스로를 성찰하도록 돕습니다. 중요한 점은 자기인식이 경험 속에서 어떤 에너지로 분화되는가 입니다.

존재는 유일한 독자성, 고유한 실체를 의미하므로 하나입니다. 또 존재는 경계를 가진 독립된 어떤 것이라는 사물의 개념과 이어집니다. 그러나 우리가 사물이라고 지칭하는 것은 변하지 않는 어떠한 물체인데, 실제로는 동식물은 물론이고 유기체가 아닌 모든 물질도 변화합니다. 긴 시간을 놓고 보면 모든 물체는 화학적 구성이 변화하면서 소멸되는 것이지요. 사물이 아니라 사건이라는 것이 실재입니다. 길어야 100년밖에 되지 않는 인간의 시선이 상대적으로 너무 짧아서 고정되고 변화하지 않는 사물로 인식되는 것뿐입니다.

무언가가 존재한다는 것은 인간이 관찰하면서, 즉 개입이 개입하면서 생긴 일시적인 상태입니다. 그래서 존재라는 것, 존재라는 느낌은 사실 착각이며 환상입니다. 소중한 우리의 존재가 착각이고 환상이라는 것은 슬픈 진실이지요. 그럼에도 의식이라는 것, 감각이라는 에너지가 너무 강해서 우리는 존재를 확신할 수밖에 없습니다.


그렇다면 관계는 무엇일까요? 관계는 둘 이상이 있음을 의미합니다. 관계는 불연속적인 두 가지 이상의 어떤 것 사이를 말합니다. 관계는 연결과 이어집니다. 모든 에너지는 둘 이상의 관계에서 생겨나는 흐름 속에서 생성됩니다. 차이에서 에너지가 생겨나는 것이지요.

이 원리는 뇌의 뉴런들 사이에서도 마찬가지로 작동합니다. 둘 이상의 뉴런 사이에서 입자가 움직이고 전기화학적 정보가 흘러갈 때 본격적인 에너지가 발생합니다. 우리가 관계를 알아야 하고, 좋은 관계를 위해 노력해야 하는 이유입니다.

사물이 아니라 사건들이 일어나고 흘러감을 깨닫는다면 존재에서 관계로 나아갈 수 있습니다. 관계에서 상태가 생겨나고, 그것이 순간적으로 의식에 다가올 때 우리는 존재라고 인식합니다. 관계의 장에서 존재가 태어나는데, 이때 존재에 안주하지 말고 원래의 관계로 다시 나아가야 합니다. '하나'에서 '둘'로의 이동입니다. 사물에서 사건으로의 변화이며, 명사에서 동사라는 실체적 진실에 다가가는 것입니다.

관계를 이해할 때 대인관계 문제도 해결됩니다. 서로의 다름을 이해하는 토대가 생기기 때문이지요. 입자의 위치와 속도를 동시에 알 수 없다는 불확정성의 원리는 관계에도 적용됩니다. 우리는 상대방의 정체성과 방향성을 동시에 알 수 없습니다. 정체성과 친밀함을 동시에 만족시킬 수도 없습니다. 우리의 자아는 무언가 안다고 느낄 때 관계를 받아들입니다. 상대방을 안다고 생각할 때, 즉 정체성을 규정하고 범주화에 성공할 때 가까워졌다고 느껴지면서 관계로 발전합니다.

그런데 상대방과 가까워졌다고 느끼는 것은 사실 상대를 측정하면서 고정시키는 행위입니다. 나의 세계에 가두는 것이지요. 그러나 그렇게 되는 순간 자신도 모르게 상대의 방향성과 운동량은 거의 무한대로 확장됩니다. 안다고 생각하는 순간, 다른 부분에서 에너지가 증가하면서 불확실성이 확장됩니다. 역설입니다. 가까운 사이에서, 가족이나 연인 사이에서 유독 깊은 오해나 상처가 생기는 이유는 이 역설 때문이 아닐까요?

상대방에 따라 감정적 반응을 피할 수는 없지만, 나와 다르다는 것을 깊이 이해한다면 너무 크게 일희일비하지 않는 힘을 가질 수 있습니다. 예상 밖의 행동이 다소 당황스러울 수도 있지만 수용할 수 있는 여유가 생깁니다. 대인관계에서 공감은 기본적으로 필요한 것이지만 나아가 상대방의 욕망을 이해하고 수용할 수 있다면 관계는 훨씬 역동적이며 생산적인 무대가 될 것입니다.

그러나 무엇보다 가장 중요한 관계는 자신과의 관계입니다. 특히 내면의 깊은 곳에 있어 쉽게 알 수 없는 에너지와의 관계입니다. 프로이트와 융은 그것을 무의식과 원형이라고 했습니다. 이 무의식과 원형은 누구에게나 생명과 함께 선물로 주어져 있습니다. 우리의 의식이 인지하지 못할 뿐입니다.

자신과의 관계는 내면에 숨어 있는 수많은 에너지와 다양한 인격들을 이해하고 받아들이고 그들과 교류하며 관계하는 것입니다. 나아가 공백과 결여라는 부르는 것과의 관계입니다. 아마 누구에게나 평생의 숙제가 될 것입니다. 자신과의 관계가 좋아야 타인과의 관계도 원만해집니다. 자신과의 관계가 넓어질 때 이해되지 않는 세상이, 그리고 타인이 새롭게 눈에 들어오며 외부와의 관계가 확장됩니다. 자신과의 관계가 깊어질 때 타인과의 관계에서도 우정과 사랑이 건강하게 깊어집니다.

### 애착에서 분리로

존재에서 관계로의 이동, 즉 하나에서 둘로의 이동은 정말 신비로운 과정입니다. 그 과정을 미시적인 차원에서 접근해 보자면 근원적인 질문들이 떠오릅니다.

'양성자, 전자, 광자라는 입자가 어떻게 성질이 전혀 다른 여러 물질로 전환되는가? 어떻게 원자가 분자로 변환되는가? 단순한 입자는 어떻게 차원이 바뀌면서 물질이 되는가? 동일성에서 차이가 어떻게 생겨나는가?' 정말 신기하고 신비로운 현상이지만 우리는 그 답을 알지 못합니다.

알 수 없는 어떤 과정에서 홀연히 그것이 출현합니다. 물리적 지식을 잘 알지는 못하지만, 양자요동(하이젠베르크의 불확정성 원리로부터 일어나는 공간의 한 점에서의 에너지 양의 일시적이고 급격한 변화), 퀀텀 점프(양자세계에서 양자가 어떤 단계에서 다음 단계로 갈 때 계단의 차이만큼 뛰어오르는 현상)가 이러한 변화의 아래에 있을지도 모릅니다. 미시세계에서 거시세계로 나오는 것이야말로 진정한 마법real magic 이고 창조이지요.

우리의 삶에도 존재에서 관계로 이동했던 마법적인 과거가 있습니다. 유아기 시절 어머니와의 강력한 애착에서 분리가 일어났던 현상이 바로 그것이지요. 하나처럼 지내왔던 어머니로부터 자신의 마음이 분리되는 경험입니다. 만약 어머니와 하나여야만 한다는 강박관념, 이상주의, 완전함이나 완벽함에 대한 집착이 있다면 분리가 어렵습니다. 어머니가 당신의 문제로 아이를 놓아주지 않아도 어렵겠지요.

아이와 어머니가 이상적인 하나의 상태에서 분리되는 과정에서 상처나 트라우마를 겪을 수도 있습니다. 어머니가 갑자기 아파서, 동생이 너무 빨리 태어나서, 집안에 사정이 생겨서 어머니와 떨어져야만 하는 상황 등이 생기는 경우입니다. 마치 준비되지 않았는데 집에서 강제로 쫓겨난 사람처럼 억울한 상황입니다.

그 집을 자신의 집처럼 느끼고, 자신의 소중한 물건이 남아 있기도 하기에 그 집을 다시 찾아야만 한다는 생각이 강해집니다. 관계를 부정하고, 즉 둘을 부정하고 하나여야 한다는 개념이 강하게 자리 잡게 되는 것이지요. 바로 집착이라는 에너지입니다.

어머니와의 원만하지 않은 분리 과정은 아이의 내면 세계 관계에도 상흔을 남깁니다. 상처받은 아이와 조금 더 나은 주체, 나아가 발전적인 주체가 되려는 에너지 사이의 관계가 틀어지는 것이지요. 다르더라도 양쪽은 함께 있을 수밖에 없고 서로가 협력해야 하는데, 한쪽이 전부가 되려고 합니다. 상처받은 존재로서만 자신을 규정하거나, 완벽하고 완전한 존재여야 한다는 강박관념이 의식을 지배하는 식이지요.

두 에너지 사이에 당연히 있어야만 하는 갈등과 대립은 억압되고, 그 과정은 생략되어야 하고, 빨리 완전한 존재가 되어야만 합니다. 성취해야 하고, 목표를 달성해야 하고, 인정을 받아야만 한다는 강박관념이 자리를 잡습니다.

### 건너가기의 경험들

애착에서 분리로 옮겨가듯 존재에서 관계로의 이동이 일어납니다. 이러한 이동은 여러 영역에서 비슷하게 반복되면서 우리를 성장시킵니다. 그것은 고립에서 연결로의 이동이고, 주관에서 객관으로의 이동이며, 자아에서 자기로의 이동입니다.

모든 이동은 기존 영역의 경계를 형성하는 문턱을 넘어야 하고, 간극의 공간을 지나서 건너가는 미션을 통과해야 합니다. 물론 건너갔다가도 원래 자리로 되돌아가고 또다시 건너가기도 하면서 시계추처럼 왔다갔다 하는 변화가 반복됩니다.

문턱을 넘고 간극을 통과하면서 낯선 세계로의 진입이라는 이동의 과정은 이별과 슬픔을 견뎌야 하고, 이어서 생겨나는 낯섦과 긴장감을 넘어서야 합니다. 이상이라는 천국에서 현실이라는 세상으로의 하강이므로 충격을 견뎌야 합니다. 개인이 처한 상황에 따라서는 그 충격이 상당할 수 있습니다. 그동안의 어떤 것, 존재에 대한 한계를 이해하고 겸허하게 받아들일 때 관계의 세계로 들어갈 수 있습니다. 이것은 겸손함과 지혜 그리고 용기라는 에너지가 필요합니다.

건너가기는 단절에서 연결로, 부정에서 긍정으로, 실패에서 경험으로, 파괴에서 생산으로, 죽음에서 생명으로의 이동입니다. 물이 포도주로 변화하는 기적과 같으며, 두 세계를 단절시켰던 강을 건너는 것과 같습니다. 이 강은 두 에너지의 관계를 끊어놓았던 강이며, 저쪽 세계를 낯설게 느끼게 했던 강이지요. 홀로 떨어져 있는 성곽을 보호하는 호수나 해자일 수도 있고요.

우선 강이 있음을 알아야 합니다. 그리고 강의 모양과 경계를 충분히 보면서 어떻게 생겼고, 어떤 부위가 넓고 좁은지, 또 강의 어디가 물살이 강하고 약한지 알아야 합니다. 레테의 강을 건너고 탈북자들이 강을 건너듯이 강을 넘어야 하고, 또 다리를 놓고 새로운 길을 만들어야 합니다.

건너가기는 죽음과 재탄생입니다. 이러한 경험이 없거나 내적 자원이 빈약한 사람들에게는 추상적이고 관념적이어서 와 닿지 않을 수도 있습니다. 말하자면 일종의 종교적 에너지입니다. 인간이란 이 정도로 강한 에너지가 작동하지 않으면, 엄청난 경험이 아니면 쉽게 변하지 않는 존재인 걸까요?

아무튼 우리는 모두 그렇게 이동해 왔습니다. 마음의 고향을 떠나면서 묘한 불안과 긴장감을 느꼈을 것입니다. 겉으로는 미세한 떨림에 지나지 않았을지라도 엄청난 전율과 진동이 내면에 엄습했을 것입니다. 그 진동이 너무 강해서 내면에 박제되었을 수도 있고 무시하고 넘어가면서 무의식의 깊은 곳에 잠들어 있는 사람도 있겠지요.

그리고 새롭게 만나게 되는 낯선 세상들, 이해하기 힘든 에너지를 대면하면서 무섭고 두려운 시간을 견뎌야 했을 것입니다. 어떤 이에게는 전율과 공포의 시간이었을 것이며, 또 어떤 이에게는 호기심과 모험으로 경험할 만한 좋은 시간이었을 것입니다. 우리는 모두 이러한 경험을 내면에 새겨두고 견디면서 현재에 이르렀습니다. 자신을 존중하고 사랑해야 하는 이유입니다.

사실 태초에 본질과 현상은 하나였을 것입니다. 욕망과 현실의 구분도 없었겠지요. 소위 이원론과 일원론이라는 구분도 우리의 의식이 그렇게 나누고 있을 뿐일지도 모릅니다. 자아의 협소한 의식은 둘로 나누어 느끼고 인식할 수밖에 없습니다. 그래서 욕망의 진화는 둘로 나누어져 인식될 수밖에 없는 의식의 대극성을 이해하고 통합하는 여정이기도 합니다.

스페인의 유명한 미술가인 피카소Pablo Picasso는 나는 원래의 그냥 나이고, 나는 진화하지 않는다고 했습니다. 피카소니까 할 수 있는 말이지요. 사실 무의식이기도 하며 원형이기도 한 욕망은 진화하지 않습니다. 진화하는 것은 욕망을 받아들이는 우리의 의식입니다.

욕망의 진화는 의식의 진화입니다. 하나에서 둘로, 그리고 셋으로.

# 6. 욕망의 진화, 의식의 진화를 위한 실천들

    욕망은 살아있는 에너지이므로 자신의 힘으로 어떻게 할 수 없는 부분이 많습니다. 욕망의 무의식성, 상징성, 추상성은 욕망으로의 접근을 제한하지요. 그럼에도 우리는 이성과 사유를 통해 이것에 다가갈 수밖에 없습니다.

    이 책도 상당 부분에서 이성과 논리에 의지해서 욕망에 접근하는 한계를 가지고 있습니다. 그럼에도 욕망을 이해하고 받아들이려는 이성, 욕망의 거대함을 인정하면서도 일방적으로 끌려가지 않는 이성이면 좋겠지요.

    욕망이라는 에너지는 언어로 변화시킬 수밖에 없는데, 최대한 그것을 그것으로 번역할 수 있는 언어여야 하겠지요. 무의식과 상징을 이해하는 언어, 상상과 너무 떨어져 있지 않은 언어, 선명하고 빛이 나는 언어, 현실을 최대한 있는 그대로 볼 수 있는 언어,

통찰과 지혜가 깃들어 있는 언어이면 좋겠지요. 그래야 그 언어로 욕망을 이해하고 다듬어 갈 수 있으니까요.

원하든 원하지 않든 삶은 즐거움과 고통이 어우러지는 경험을 선물합니다. 또 의식하든 의식하지 못하든 많은 관계가 주어질 것입니다. 관계와 경험 속에서, 시간의 흐름 속에서 많은 것을 배우며 욕망을 이해하고 조금씩 지혜를 얻게 되겠지요.

우리는 틈틈이 안으로 들어가서 자신에게 물어보아야 합니다, 그리고 밖으로 나와서 세상을 향해 움직이고 경험해야 합니다. 왕도는 없겠지만 생활 속에서 실천할 수 있는 구체적인 것들을 몇 가지 제안하면서 이 긴 여정을 마무리하려고 합니다.

#1. Small routines for flow of energy! 자신만의 작은 루틴을 만듭니다. 거대한 것이 아니라 아주 작은, 시간이 많이 소요되지 않는 활동을 말합니다. 루틴은 생활 습관을 잡아 주고, 뇌 안의 정보와 에너지의 적절한 흐름을 만들어 줍니다.

#2. Learning, study, work for information! 마음과 뇌는 관계 속에서 움직입니다. 데이터와 정보가 많을수록 관계는 다양해지

고 에너지는 풍부해 집니다. 그러므로 가능한 한 최대한 많은 정보를 얻으려고 노력합니다. 그래서 배우고 공부해야 하며, 또 일을 해야 합니다.

#3. Optimal frustration for experience! 적절한 좌절과 고통은 경험으로서 엄청난 가치를 가집니다. 너무 좋은 경험, 상처 없는 경험을 하려는 마음을 경계해야 합니다. 힘들게 느껴지고 귀찮은 것들이 주위에 꽤 있을 것입니다. 그중 필요한 것이라면 그것이 바로 경험해야 하는 것들입니다.

#4. Affordable space & time for energy charge! 삶은 에너지를 쉽게 소모시킵니다. 가끔은 소진되어 소위 번 아웃 상태에 빠질 수 있습니다. 그러므로 소모된 에너지의 충전을 위한 자신만의 여유로운 공간과 시간이 필요합니다.

#5. Reflection & relation for deep understanding of SELF! 나만의 시선으로 나를 제대로 아는 데는 한계가 있습니다. 자기를 이해하기 위한 반영적 관계가 필요합니다.

**#6. Observe sky & clouds and think about nature!** 가끔은 하늘을 바라보고 흘러가는 구름을 바라보세요. 흘러가는 강을 또 바다를 보세요. 주위의 풀이나 나무를 살피고 그들의 변화를 느껴보세요. 자연을 향한 시선은 자신과 세상에 대한 또 다른 시선을 줄 것입니다.

**#7. Ask & talk to yourself!** 틈틈이 자신에게 질문하고 내면에서 들리는 목소리를 들으려고 하세요. 자신과 좋은 대화를 하는 경험을 쌓아가세요. "너는 무엇을 원하니? 지금 어떤 것을 느끼니? 지금 느끼는 그것은 어디에서 온 것일까?"

결국 우리는 관계적 실재입니다. 우리의 주위에는 시간, 세상, 타인이 주어져 있고 그 무대 위에서 관계를 이루어 갑니다. 관계는 시공간이라는 물리적 조건 속에서, 감각과 느낌 그리고 언어를 통해 다가옵니다. 감각, 지각, 언어를 통해서 시간과 타인과의 관계를 만들고 이해합니다. 그 관계에서 이미지와 느낌 그리고 감정이 생겨납니다. 이를 뇌과학에서는 의식세계가 구성되는 것이라고 표현합니다.

하지만 물리적 조건, 감각, 언어와 기표는 모두 실재를 담아내지 못합니다. 또 선험적으로 있어 온 원형과 상징에서 나오는 이미지와 느낌을 이해하고 소통하는 것도 쉽지 않은 일입니다. 의식을 가진 주체로서의 본질적인 한계와 간극이 있는 것이지요. 이것이 공백이고 결여입니다. 또한, 주관성의 한계입니다. 그래서 우리는 불만족하고 또 불안합니다. 간극과 한계, 공백과 결여를 아는 것이 지혜이며, 의미의 시작입니다. 이 때문에 우리는 무지를 받아들이고 겸허해야 합니다.

그러나 인간의 의식은 결코 그렇게 작동되도록 허용하지 않습니다. 간극 사이에서 모순이 만들어지고, 의식의 모순은 본질적인 한계와 간극을 확장시킵니다. 삶이 쉽지 않은 근원적인 이유입니다. 그럼에도 살아가는 이유, 살아가게 하는 것은 어떤 에너지, 욕망이 생겨나기 때문입니다. 특히 좋은 에너지가 생겨나면 더욱 그렇겠지요.


이 에너지는 어디에서 어떻게 오고 의식에서 경험되는 것일까요? 에너지는 연결과 관계 속에서만 생성되고 창발합니다. 나무와 나무의 부딪힘에서 불이 나고, 씨앗과 흙이 만나서 싹이 트듯이 진짜 관계는 서로에게 힘과 에너지를 줍니다.

삶은 좋은 관계에 달려 있으므로, 우리는 늘 좋은 관계를 위해

노력해야 합니다. 물론 자신과의 관계도 중요함을 잊지 않았으면
합니다.

# 인간 욕망의 비밀

2022년 10월 1일 1판 1쇄

지은이 | 김정수
펴낸이 | 김철종

펴낸곳 | (주)한언
출판등록 | 1983년 9월 30일 제1-128호
주소 | 서울시 종로구 삼일대로 453(경운동) 2층
전화번호 | 02)701-6911  팩스번호 | 02)701-4449
전자우편 | haneon@haneon.com

ISBN 978-89-5596-018-1 (03180)

만든 사람들
기획·총괄 | 손성문
편집 | 김하나
디자인 | 박주란

## 한언의 사명선언문

Since 3rd day of January, 1998

**Our Mission** — 우리는 새로운 지식을 창출, 전파하여 전 인류가 이를 공유케 함으로써 인류 문화의 발전과 행복에 이바지한다.

— 우리는 끊임없이 학습하는 조직으로서 자신과 조직의 발전을 위해 쉼 없이 노력하며, 궁극적으로는 세계적 콘텐츠 그룹을 지향한다.

— 우리는 정신적·물질적으로 최고 수준의 복지를 실현하기 위해 노력하며, 명실공히 초일류 사원들의 집합체로서 부끄럼 없이 행동한다.

**Our Vision** 한언은 콘텐츠 기업의 선도적 성공 모델이 된다.

저희 한언인들은 위와 같은 사명을 항상 가슴속에 간직하고
좋은 책을 만들기 위해 최선을 다하고 있습니다.
독자 여러분의 아낌없는 충고와 격려를 부탁드립니다.
• 한언 가족 •

## HanEon's Mission statement

**Our Mission** — We create and broadcast new knowledge for the advancement and happiness of the whole human race.

— We do our best to improve ourselves and the organization, with the ultimate goal of striving to be the best content group in the world.

— We try to realize the highest quality of welfare system in both mental and physical ways and we behave in a manner that reflects our mission as proud members of HanEon Community.

**Our Vision** HanEon will be the leading Success Model of the content group.